Muslim-Christian Encounter

예영커뮤니케이션

Muslim–Christian Encounter Vol.8, No.2

엮은이: 한국이슬람연구소
펴낸이: 원성삼
펴낸곳: 예영커뮤니케이션

초판 1쇄 발행: 2015년 12월 31일

출판 신고 1992년 3월 1일 제2-1349호
136-825 서울시 성북구 성북로6가길 31
Tel (02) 766-8931 Fax (02) 766-8934

ISBN 978-89-8350-931-4 (94230)
      978-89-8350-894-2 (세트)

www.jeyoung.com

이 도서의 국립중앙도서관 출판예정도서목록(CIP)은 서지정보유통지원시스템 홈페이지
(http://seoji.nl.go.kr)와 국가자료공동목록시스템(http://www.nl.go.kr/kolisnet)에서 이용하실
수 있습니다. (CIP제어번호 : CIP2015036046)

모든 인간은 하나님의 형상을 닮은 존엄한 존재입니다. 전 세계의 모든 사람들
은 인종, 민족, 피부색, 문화, 언어에 관계없이 존귀합니다. 예영커뮤니케이션은
이러한 정신에 근거해 모든 인간이 존귀한 삶을 사는 데 필요한 지식과 문화를 예수 그리
스도의 사랑으로 보급함으로써 우리가 속한 사회에 기여하고자 합니다.

Muslim-Christian Encounter

Editorial Board : Ah Young Kim, Caleb C. Kim, Matthew Jung,

J. Dudley Woodberry, Hyung Jin Park, Steve Yim,

Shin Suk Kim, Tim Hyunmo Lee

Researcher : Abraham Cho, Jung Nyun Kim, Jee Yun Kwon,

Kyung Hee Lee, Hyun Kyung Lee, Sun Kyung Park,

Paul Kim, Priscilla Taesoon Choi

E-mail : ttcis@ttgu.ac.kr

Homepage : http://ttcis.ttgst.ac.kr

Tel. : 02) 570-7563

contents

Torch Trinity Center for Islamic Studies Journal

Volume 8, Number 2, December 2015..

권두언

두 번의 세계 대전을 포함하여 인류 역사 전반에 걸쳐 커다란 변화와 도전을 경험했던 20세기를 마감하고 새로운 천 년, 새로운 세기를 시작하며 사람들은 다양한 전망과 예상, 분석들을 내어놓았습니다.

그 중에 기독교와 관련되어 주목을 받았던 것은 종교사회학자인 Philip Jenkins가 2002년 발표한 저서 *The Next Christendom*이었습니다.

그 책에서 젠킨스는 지중해 인근에서 시작되어 라틴과 러시아 그리고 서유럽과 북미로 이동하였던 기독교 세계의 중심축이 아시아와 아프리카, 라틴 아메리카로 옮겨가고 있다고 분석하였습니다. 그에 의하면 1970년대만 해도 기독교는 "가진 자들의 종교"(the religion of the haves)여서 보다 구체적으로 기독교인이라고 하면 "흑인이 아니고 가난하지 않으며 젊지 않은 사람들" (un-Black, un-poor, un-young)을 의미하는 것이었다는 것입니다. 따라서 그 중심지였던 서구세계의 세속화는 곧 기독교 세계의 쇠락을 의미하며 따라서 미래의 종교는 이슬람이 될 것이라는 다소 과격한(?) 전망을 내어놓기도 하였습니다. 이러한 분석을 뒷받침하듯 대표적인 아프리카 신학자인 케냐의 John Mbiti도 "기독교 세계의 중심지는 더 이상 제네바나 로마, 아테네, 파리나 런던, 뉴욕이 아니라 킨샤사와 부에노스 아이레스, 아디스 아바바와 마닐라"라고 말하며 유럽과 북미인들이 무엇을 믿든 기독교는 남반구 지역에서 활발히 전개되며 성장하고 있다고 분석하였습니다.

서구의 학자인 Andrew Walls도 젠킨스와 같은 해에 출판된 *The Cross-Cultural Process in Christian History: Studies in the Transmission and Appropriation of Faith* 에서 다른 지역에서 기독교가 성장하지 않는 것은 아니나 이제 21세기의 대표적인 기독교는 아프리카의 기독교이다라는 분석을 내어놓기도 하였습니다.

젠킨스는 이와 더불어 새로운 기독교 세계의 중심지에서 성장하는 기독교의 특징은 구 시대와는 달리 보수적이고 기독교 신앙의 초자연적인 측면에 민감한 성향을 보인다고 설명하였습니다. 따라서 교단적으로 볼 때 서구에서 강세를 보였던 전통적인 교단들이 아닌 오순절 계열과 독립교회들의 성장이 두드러질 것이며, 기독교 신앙의 내용을 지역적 전통에 맞게 변화하고 해석하는 일에 적극적인 것으로 특징지었습니다.

이러한 젠킨스의 분석과 전망은 새 천 년을 시작하고 15년의 세월이 흐른 지금 대략 적절했던 것으로 평가되고 있습니다.

이러한 전망과 더불어 우리가 아프리카를 주목하는 또 하나의 이유는 이렇듯 기독교 세계의 중심축으로 부상하는 이 대륙에서 이슬람도 비슷한 성격을 가지고 같이 확장되어 가고 있다는 사실입니다. 그래서 이미 수단과 나이제리아 소말리아와 케냐 등의 경우에서 보여지듯이 두 종교인들 간의 충돌이 불가피하게 발생하고 있고 안타깝게도 그러한 추세는 계속 될 것으로 전망됩니다.

지난 11월 파리에서 동시다발로 이루어진 IS 추종세력의 테러로 130여 명의 사망자가 발생하여 충격을 주었습니다만 올해 4월 케냐의 Garissa 대학에서 발생한 소말리아 무슬림 극단주의 단체 al-shabab 소행의 테러로 무슬림 기독교인의 구별 없이 148명의 사망자가 발생한 것을 기억하는 분은 많지 않을 것 같습니다. 알 카에다의 지부로 시작되어 세포분열한 다양한 이슬람 무장세력들이 유난히 많은 아프리카 대륙에서 세계인의 주목과 추모조차 받지 못한 채 죽어가는 그리스도인들의 수가 계속 증가해 가고 있는 것입니다.

한국 이슬람 연구소의 저널인 Muslim-Christian Encounter의 2015년 12월호의 주제는 "아프리카"입니다. 사실 아프리카에 대한 연구는 지역적으로만 나누어도 사하라 이북과 이남, 동과 서, 해안과 내륙 등으로 분류하여 이루어져야 하겠으나 저자진을 발굴하기가 쉽지 않음을 핑계하여 이번에는 한 호로 묶어 발간키로 하였습니다. 권두언을 빌어 귀한 글을 보내주신 저자들께 감사를 드리며 특별히 케냐의 신학자이신 Dr Joseph Wandera의 협력에 감사를 드립니다. 이 글이 의미 있는 것은 다수 세계의 문제를 다수 세계 출신의 학자의 사고와 정서를 통해 들여다 볼 수 있는 귀한 기회가 되었다는 것에 있습니다. 앞으로도 한국이슬람연구소는 다수 세계 학자들과의 교류를 통해 고유의 논의와 시각들을 발전해 나가는 데 기여할 것입니다.

지난 12월 21일 앞서 언급했던 알 샤바브는 소말리아와 국경을 맞대고 있는 케냐 동북쪽 한 마을에서 달리는 버스를 세우고 그들이 늘 해왔듯이 무슬림과 그리스도인들을 분류하여 그리스도인들을 사살하려고 하였습니다. 이러한 일들이 최근 들어 비일비재했던 탓에 인근을 운행하는 버스들은 경찰의 경호를 받게 되어 있었으나 이 버스의 경우 운전자가 경찰서를 경유하지 않아 테러리스트와 맞닥뜨리게 되었던 것입니다.

무장세력들의 총소리가 들리자 버스 안에 있던 무슬림들은 가지고 있던 옷가지와 천을 그리스도인들에게 나누어주어 복장으로 구별이 되지 않게 도와주었고 두 종교인들을 분류하려는 무장세력들의 명령에 거부하여 "우리를 그리스도인 형제 자매들과 함께 죽이든지 아니면 그들을 내버려 두라"고 말하며 분류에 협조하지 않아 결국 경찰이 곧 올 것을 염려한 무장세력들은 그대로 현장을 떠났다고 합니다. 성탄절을 앞두고 전쟁의 소식이 가득한 세상에 들려진 화해와 소망의 소식이 아닐 수 없습니다.

아프리카 출신의 혹은 그 지역에서 오랫동안 그들과 더불어 살아온 저자들의 귀한 글들을 통하여 아프리카와 그 땅에서 사는 사람들을 이해하고, 아프리카 안에서의 기독교와 이슬람 관계에 대한 이해를 통하여 건강하고 복음적인 관계를 형성해 나갈 수 있는 통찰들을 얻을 수 있게 되기를 기대합니다.

이 저널이 출판되기까지 번역과 교정에 수고해준 이현경 협동총무 그리고 한국이슬람연구소의 아랍어 강좌의 오랜 강사이며 이번호에 본인의 박사학위 논문을 요약해서 보내주신 박미애 박사님 그리고 도서출판 예영의 편집부 직원들께 감사의 말씀을 드립니다.

2015년 겨울
한국이슬람연구소 소장 김 아 영

아프리카의 기독교와 이슬람

김신숙*

---

* 햇불트리니티 한국이슬람연구소 편집연구위원.

● **ABSTRACT**

The Relations between Islam and Christianity in Africa

Shin- Sook Kim

By the 21st century, the interpretation regarding sociology of religion has a concern about the results of a survey on the world population breakdown of Christianity. A particular article of "The Changing Face of Christianity" was released from the Newsweek report on April 16, 2001. The article contains an eye catching picture. It shows that young African Jesus has the black skin with a traditional African costume in the article. The reason why it is so controversial because it deviates from the type of Christianity. The researcher wonders why the article introduces Black African Jesus. The mission theologians examined the figure of black Jesus and pointed out that the central focus of the future Christianity is moving toward Africa. It means that the mission for Africa regarding the propagation of Christianity is evolving as compared to the western.

The missionaries and theologians have higher expectation of success regarding the mission in Africa, regardless of that Africa has a long history of conflict between Islam and Christianity. As the major religions, Islam and Christianity have been spread for many years in Africa. Frist of all, Christianity of Africa have been spread since 1900s with the European colonial policy. After two centuries, the churches of Africa had to deal with difficult issues such as "racism" and "religious colonialism" under the influence of European colonialism. Churches in Africa has grown as indigenous churches since its independence. They have developed AIC (African initiated Churches). Throughout this movement, there are thousands of African Churches at present. Southern Africa has the highest ratio of Christianity. On the other hand, Western Africa has the lowest ratio of Christianity.

Secondly, as one of the major religion, Islam has certain characteristics according to regional tier of Africa. In North Africa, Sufism has occupied over the whole area since the 12th century. Algeria and Morocco of Khawārij are Islamised because of its tribal ties and trades. In the case of Sub-Saharan Africa, many Muslim merchants have played a key role in spreading of Islam. A group of Muslim merchant of Sudan has been extremely in active in order to propagate Islam and set up a cooperative system with elite politicians. This effort has resulted in spreading of Islam widely in Ghana, Mali and Kanem. The propagation of Islam of Africa have been disturbed by European colonialism. However, it is important that Islam of Africa plays a key role as universal values beyond tribal ties and powerful resistance to European colonialism. Since its independence, Islam of Africa have been growing more than before. It is the most important foundation in forming the Islamic state. Also, the different types of Muslims started activating for Islamization including Muslim Brothers(Islamism), nationalism, folk Muslim and etc.

Africa is the second largest and second most populous continent in the world after Asia. Currently, Africa has 61 territories and there are 1.1 billion people by 2014. It is a 14.8 percent of the world population ratio. Islam and Christians in Africa are very eager in each mission work. In addition, the relations between Islam and Christianity has caused a variety of conflicts in policy, culture and economy. As mentioned previously, Mission theologians have an interest in mission work in Africa. To be successful, missionaries need more proper ways to approach Africa. The researcher has confidence in that many Africans spread the gospel to their family, friends and coworkers. Also, many missionaries of indigenous African send out a message to the Middle East as an evangelist.

● **Key words**

Christianity of Africa, Mission, Islam of Africa History, Culture, Religion

I. 서론

아프리카의 기독교와 이슬람의 관계를 살펴보기 위해선 먼저 지역적 구분을 살펴보아야 한다. 아프리카는 세 부분으로 나누면 북 아프리카, 동 아프리카, 서 아프리카를 말한다. 또한 북 아프리카에서 이집트와 수단은 중동지역으로 구분하기도 한다. 아프리카는 아시아 다음으로 면적이 넓고 인구가 많은 대륙이다. 61개 영토에 11억 명(2014년 기준)이 살고 있으며 세계인구의 14.8%에 해당한다. 아프리카 대륙 북쪽에는 지중해, 북동쪽에는 스웨즈 운하와 홍해, 남동쪽에는 인도양, 서쪽에는 대서양이 있다. 이 대륙에는 분쟁지역인 서사하라를 빼고 마다가드카르와 여러 도시 지역을 포함하여 54개국이 있다. 비공개 국가가 9개이고 북 아프리카의 6개 국가, 중앙 아프리카의 6개, 남 아프리카의 12개, 동 아프리카의 8개, 서 아프리카의 25개의 국가가 있다. 아프리카의 비공식 국가 9개 국가 중 세 개는 소말리아와 관련된 국가이며, 영국령 국가 1개, 프랑스령 국가가 1개이다.[1]

지리적으로 아프리카는 아라비아 반도, 이란의 자그로스 산맥, 터키의 아나톨리아 고원을 포함하여 유라시아판과 충돌하는 아프리카판을 이룬다. 에티오피아구와 아라비아 사막은 북쪽과 생물지리학적으로 통합되어 있고, 아프리카아시아어족도 북쪽 지역을 언어학적으로 결합하고 있다고 한다.[2]

아프리카는 하나의 문화가 아니라, 여러 개의 겹쳐지는 문화를 지닌다. 가장 많이 쓰이는 문화적 구분은 사하라 남쪽의 아프리카와 아랍세계의 문화와 연계되는 이집트와 모로코 사이의 북부 국가들이다. 이러한 비교법에서 사하라 남쪽의 국가들은 다문화에 포함되는데 그 중 영향력이 큰 반투어군을 들 수 있다.

프랑스어권 아프리카와 나머지 영역 특히 영국의 식민지였던 남 아프리

---

1 "아프리카" https://ko.wikipedia.org/wiki/%EC%95%84%ED%94%84%EB%A6%AC%EC%B9%B4 (접속일 2015년 11월 5일)

2 "지리" (아프리카) https://ko.wikipedia.org/wiki/%EC%95%84%ED%94%84%EB%A6%AC%EC%B9%B4#.EC.A7.80.EB.A6.AC (접속일 2015년 11월 5일)

카와 동 아프리카 또한 문화적으로 경계를 지을 수 있다. 또 다른 하나의 방법은 전통적인 방법으로 살아가고 있는 아프리카 지역과 기본적으로 근대적인 지역이다. 전통주의자들은 가끔 목축주의자들과 농경주의자들로 나뉘기도 한다.

아프리카의 음악은 아프리카의 가장 역동적인 예술 표현이다. 이집트는 오랫동안 아랍 세계의 문화가 모이는 곳이었지만 사하라 남쪽의 아프리카 특히 서 아프리카의 리듬 전통은 대서양 노예 무역을 통해 근대의 블루스, 재즈, 레게와 로큰롤으로 전해진다. 21세기의 최근 트렌드는 아프리카의 힙합의 발생이며 특히 세네갈에서 전통적 음발라와 섞인 형태를 볼 수 있다.[3]

아프리카에는 수많은 종교들과, 많은 우상 숭배와 애니미즘이 있다. 많은 종교들이 있으나 크게는 이슬람과 기독교, 전통종교로 구분된다. 이슬람은 7세기에 아라비아 반도에서 아프리카로 전해졌고, 기독교는 1세기 이후 지중해 연안에서 북 아프리카로 전래되었는데, 블랙 아프리카에 전파된 시기는 15세기말 포르투갈이 진출하면서 이루어졌다. 그 후 콩고나 앙골라로 점차 전해져갔다.[4]

아프리카 국가 중 이집트와 수단은 중동지역으로 구분하기도 한다. 중동은 역사적으로 볼 때 희랍 문명의 시대, 로마 문명의 시대, 기독교 문명의 시대, 그리고 이슬람 문명의 시대로 구분된다. 중동은 동서로 아프카니스탄에서 아프리카 대륙인 모로코, 모리타니아, 수단, 소말리아까지이고 남북으로는 터키에서 아라비아 반도까지 광대한 지역을 말한다.[5] 중동은 단일한 이슬람 세계라고 할 수 없다. 중동을 구성하는 주요한 세가지 요소는 이란, 터키, 아랍이다. 언어를 중심으로 페르시아어, 터키어, 아라비아어로 구분된다.[6]

---

3 "문화" (아프리카) https://ko.wikipedia.org/wiki/%EC%95%84%ED%94%84%EB%A6%AC%EC% B9%B4#.EB.AC.B8.ED.99.94 (접속일 2015년 11월 5일)

4 "종교" (아프리카) https://ko.wikipedia.org/wiki/%EC%95%84%ED%94%84%EB%A6%AC%EC% B9%B4#.EB.AC.B8.ED.99.94 (접속일 2015년 11월 5일)

5 역사교육자협의회, 『숨겨진 비밀의 역사 중동 아프리카』, 채정자 역 (서울: 예신, 2003), 10.

6 역사교육자협의회, "숨겨진 비밀의 역사 중동 아프리카," 13.

요즘 관심은 왜 아프리카의 교회를 주목해야 하는지에 관한 연구들에 있으며, 21세기에 급변하는 기독교와 이슬람에 대한 관심과, 선교적으로 어떻게 대처해 나가야 하는지에 관한 연구가 아프리카에서 일어나고 있는 종교적 변화를 매우 의미심장한것으로 주목하고 있다. 이러한 흐름이 아프리카에 대해서 살펴 볼 필요성을 갖게 한다.

이 글에서는 아프리카의 기독교와 이슬람의 역사적, 문화적, 종교적 배경과 영향을 미친 것들을 중점적으로 고찰하고자 한다. 세 영역을 살펴본 후에 선교적 관점으로 미래 지향성을 살펴보고, 사역 방향성과 가능성을 찾아 보고자 한다.

II. 아프리카의 기독교

1. 역사적 배경

기독교는 중근동에서 태어난 셈족의 종교였으나, 그리스와 로마에서 성장하게 되었다. 기독교는 사도바울에 의하여 시작되었으나, 알렉산드리아, 소아시아 반도 및 북 아프리카로 전파되었다.[7] 북 아프리카에 1세기 또는 2세기에 들어온 기독교는 로마제국의 권위에 반역을 이르키면서 시작이 된다. 초기인 1-3세기에 북 아프리카는 기독교의 중심무대였다. 교부 오리겐은 이집트의 알렉산드리아 출신이고, 교부 터툴리안과 어거스틴은 북 아프리카 출신이다. 그들은 북 아프리카 지중해 연안 도시들에서 활발하게 활동했다.[8] 북 아프리카의 라틴계 교회는 교회의 행정 기구 속에 법 사상과 사법 질서를 도입하였다. 미셸 시그(Michel Sigg)는 『아프리카 기독교 평전』에서

---

7   김정위, "중동사," (서울: 대한교과서, 2005) 56. 진행 과정은 헬레니즘 문화에 젖은 유대인 사도바울에 의해 시작되었고, 그리스어나 라틴어로 집필하는 신부들에 의하여 계승되었다.

8   "초기 아프리카 기독교," 신앙매거진, 2014년 11월. 터툴리안은 30세에 기독교로 개종하여 230경 사망했다.

"아프리카의 기독교 역사는 예수님과 초대교회 시절부터 시작되었다."라고 말하고 있다.

콥틱교회(애굽 정교회)는 사하라 남부에서 기독교 선교가 시작되었고, 이 시기 카톨릭과 개신교는 유럽 교회들의 공헌을 받게 된다. 그 후 16-18세기 포루투갈이 확장하면서, 콩고지역에 카톨릭 기독교를 전파하게 된다. 18세기 말에 영국과 미국에 개신교 부흥이 일어나면서 아프리카에 영미선교사들이 들어오기 시작했다. 그 후 사하라 남쪽 아프리카에 기독교 부흥이 일어나게 되었다. 그러나 아프리카의 풍부한 지하자원과 노예 인력을 탐낸 서구의 침략과 착취가 선교와 함께 일어나게 된다. 이런 뼈아픈 사건들이 일어나면서 19세기에 아프리카를 위해 활동한 영국의 토마스 벅스톤(Thomas Fowell Buxton)과 헨리 벤(Henry Venn)은 비록 아프리카에 오지는 않았지만 영국에서 노예 무역을 근절하려고 노력했던 사람들이며 윌리엄 윌버포스(William Wilberforce)에 이어 노예 무역 금지법을 통과 시킨 사람이다. 실제로 아프리카 선교가 본격적으로 일어난 것은 19세기부터이다. 이후 2세기 동안 아프리카 교회는 "인종차별주의"와 서구교회의 "종교식민주의"에 맞서 싸워야 했다.

헨리 벤은 "만약 아프리카 교회가 성숙되고 스스로 뿌리 내리고 자라기를 바란다면, 서구 선교사들은 처음에 불모지에 씨를 뿌리는 역활을 하고 난 다음에는 그 교회를 아프리카 지도자에게 과감하게 맡기고 떠나야 한다"라고 하였다. 아프리카 교회가 토착화 되어야 한다는 것이다.

2차 세계대전 후는 아프리카 국가들을 비롯한 여러 국가들이 식민지에서 독립하는 시기었다. 또한 오순절 운동을 통해 교회가 급속히 퍼져 나가는 시기이기도 했다. 이 때 아프리카 교회들은 스스로, 자기 문화에 맞게 토착화 된 교회로 성장하게 되었다. 이 시기에 서구 선교사들은 '제도권적 교회'에서 변화를 모색하게 된다. 그들은 제도권적인 아프리카 교회의 개혁으로 "아프리카인들이 주도하는 교회운동 African Initiated Churches(AICs)"을 통해 현

재의 수천 개에 이르는 '아프리카식 교회'를 개척하게 된다.[9]

아프리카에 기독교가 들어간 것은 1세기에 마가에 의하여 로마제국의 통치 아래 있던 북아프리카의 이집트에서 전파된 것이 그 시작이다. 이집트의 정통교회는 콥틱교회이다.[10] 교회가 세워지면서 점차적으로 에티오피아를 비롯한 여러 나라들에 기독교가 전해지게 된다. 그런 면에서 이집트의 콥틱 교회의 역사를 살펴볼 필요가 있다. 이집트 교회는 4세기경 아리우스주의 (Arianism)로 인해 혼란을 겪었고, 5세기에 들어와 이집트가 기독교화 되면서 단성론을 공식 교의로 받아들여 콘스탄틴노플과 정면 대결하였다. 또한 로마 황제들에 의한 박해가 200년, 250년, 300년경에 있었다.

콥트어는 고대 이집트어(상형문자)의 일종이였으나 후에 그리스 문자를 받아들여 이집트와 동의어인 콥트가 곧 그 교파의 이름이 된것이다. 이집트 인들은 이집트를 가리켰던 그리어의 'Aigyptios'라는 말을 축약해서 'Qibt'라고 불렀다. 아랍-이슬람의 침략 후 나일계곡의 원주민들뿐 아니라 실제적인 기독교인들을 지칭하기 위해 'Qibt'라는 아랍식 명칭이 사용되었다. 즉, 'Copt'란 용어에는 순전히 인종적 차원에서 이집트 사람들 중 기독교인을 일컫는 인종-종교적인 의미가 있다.[11] 한편 이집트 정교회뿐 아니라, 에티오피아 정교회를 지칭할때도 이 용어가 사용된다.[12] 콥틱교회는 점차적으로 북아프리카 4세기경 에티오피아 King Ezana에 의해 국가 공식 종교로 지칭하게 된다. 15세기에는 포르투갈과 네델란드의 선교로 서부 아프리카에서 "Dutch Reform Church"가 시작된다. 아프리카는 19세기에 접어들면서 선교사역으로 인해 기독교의 증가를 경험하게 된다.[13]

---

9   http://namjindu25.tistory.com/entry/초기 아프리카 기독교 (접속일 : 2015년 11월 9일)

10 Jill Kamil, *Coptic Egypt: History and Guide*(Cairo: American University Press, 1978), 18.
    J"According to honored tradition Saint Mark brought Christianity to Egypt in the reign of the Roman emperor Nero in the first century. Sanit Mark's first convert was a Jewish shoemaker in Alexandira.

11 Fr. Tadros Yacoub Malaty, *Introduction to the Coptic orthodox Church* (Alexandria: St. George's Coptic Orthodox Church, 1993), 8.

12 김정위, 『중동사』, 68.

13 BBC: The story of Africa-Christianity; Pew Research Center : Global Chrisianity

2. 사회적, 문화적 배경

아랍 북 아프리카의 근대사는 아랍중동의 근대사와 비슷하다. 19세기에 북 아프리카는 이슬람 사회가 되었다. 로마황제들의 박해로 인해 콥틱교회 는 많은 순교의 피를 흘렸는데, 248년에는 하루에 60여 명의 순교자들이 나 왔기 때문에 콥틱교회는 마가 요한에 의해 복음이 전파된 것은 61년이지만 공식적으로 콥틱교회가 시작한 해는 248년으로 지키고 있다.[14] 기독교가 공 인된 후에는 한때 기독교인들이 이방인들을 박해하기도 했다고 한다. 이사 야 19장에 근거하여 그리스도인들은 이방인들의 신상들을 모두 부셔야 한 다는 입장에 서게 되었던 것이다.

교회의 분열은 교회를 약화시키고, 수도원 운동을 가져왔으며, 이슬람 세 력의 유입과 확장을 부추기는 결과를 가져왔다. 이슬람은 서방교회와 동방 교회 사이의 분열을 이용하여 비잔틴을 정복하게 된다. 7세기 로마 기독교 의 핍박에 지쳐 있던 콥틱교회 교인들의 환영을 받으며 이집트에 들어온 이 슬람으로 인해 이집트의 그리스도인들은 보호비(딤미: Dhimmis)[15]라는 명목 으로 무슬림 지배자들에게 무거운 세금을 내게 되었다. 얼마 후 무거운 세금 에 대항하는 반란이 일어났을때, 무슬림 지배자들은 무자비한 살육으로 진 압하였다. 반란이 진압된 후 기독교인들 수만 명이 이슬람으로 개종하였다.

19세기 초에는 교회에 의식(liturgy)만 남아 있었기 때문에 신학교육(theo- logical education)이 없었고, 사제직은 세습되어, 아들은 아버지가 했던 의식 을 반복했다. 이런 상태에서 선교사들이 교육을 시키기 시작하였다. 선교사 들은 계급제도를 바꾸는 것은 거의 불가능하지만 일반 기독교인들에게 접 근하는 것은 가능하다는 것을 발견하게 되었다. 선교사들과 성경공부를 하 면서 의식을 중요시 하는 콥틱교회에서 영적으로 충족되지 못했던 부분이

---

14 Fr. Malaty, op. cit., 24.
15 딤미는 무슬림이 아닌 다른 종교인들에게 의무적으로 개인적인 세금(jizya)을 지불하게 함으로 무 슬림 지역에 살 수 있게 해주고, 그들을 국가의 보호 아래 인정해 주는 것.

충족되면서 시작된 것이 개신교이다. 외국 선교사들이 들어와 학교와 병원, 교회를 지어주고, 지적, 영적 훈련을 하면서 병든 자들을 위해서는 육신의 병을 고치는 기도도 하였다. 콥틱교회 안에서도 부흥 운동이 일어나고, 자신들의 문제점들을 깨닫는 '아부나'(아랍어로 영적아버지)들이 일어나기 시작하였다. 신자들의 교육을 위해 무엇인가를 해 보자는 운동이 일어났고, 이런 운동을 통해 교육받은 콥틱 정교회 학생들이 주일 학교 운동(Sunday School Movement, SSM)에 동참하면서 1940년에 부흥을 경험하게 되었다. SSM에는 두 주류가 있는데, 첫째는 쇼부라의 성 안토니우스(St. Antonius) 교회가 이끈 제자도(discipleship)로 연결된 권위적인 성격(authoritarian character)의 것이고, 두번째는 기자(Giza)를 중심으로 발달한 SSM이다. 기자지역의 SSM은 기자 주변의 사람들이 모여서 사회봉사를 하면서 발달한 것이었다. "Go and Help in Faith"를 모토로 육적 필요를 채우고 나서 영적 음식을 공급하는 것을 원칙으로 하였다. 이 운동은 가난한 사람들에게 큰 영향력을 미쳤다. 개혁운동의 선두자인 마타 알 마스킨 (Father Matta El-Meskeen, 1919-2006)은 SSM을 경험하고 사제(Monk)가 된 사람이다. 사제가 된 당시 아직 교회에서 중심적인 역할을 하고 있지는 못했다. 그는 성경공부를 하기 위해 동굴로 들어갔다. 후에 수도사가 되어 큰 영향을 미치고 그를 따르는 많은 제자들이 있게 되자 정통 콥틱 교부들에게 미음을 받아 쫓기게 되었다. 이 분은 숨어 살면서 성경에 대한 책들을 많이 저술하였다. SSM은 1940-50년 초에 정치적으로도 매우 활발한 활동을 하였다. 결과적으로 "움마 엘 낍티야하"(콥틱 공동체라는 뜻. 젊은 콥트인들의 그룹으로 정치적으로 매우 활동적이었으며, 더 나아가 종교를 정치적으로 만들었다. 이슬람의 무슬림형제단에 비교될수 있다)가 조직되었고, 당시 교황(Pope, 유세후 II)이 너무 약하다고 생각한 그들은 그를 납치하여 더 이상 교황을 하지 않겠다는 다짐을 받아낸 후 풀어주었다. 교황 유세프 2세는 재정적으로 매우 타락해 있었다.

레이스(Reiss)는 20세기 콥틱교회에 급진적 개혁의 결과를 가져다준 주일학교 센터에 대해 다른 연구방식을 취하였다. 2001년 10월 5일 레이스 박사는 기자와 쇼브라에 있는 성 안토니우스 교회의 주일학교 센터에 기고하였다. 그리고 사회봉사와 교육 관련 시제협회(Bishopric of Social Services and the Bishopric of Education)로부터 큰 찬사를 받았다. 이 연구는 콥틱교회의 현대사에 대해 예리한 통찰을 보여줄 뿐 아니라, 지난 몇 십 년 동안의 이 교회 지도자들에 관하여 설명해 준다. 이 연구는 또한 교회와 사회 간의 상호 작용에 대한 연구이며, 어떻게 정부와의 좋은 관계가 교회의 필요한 허가 등을 얻는데 도움이 되어 왔는지에 대해서도 알려준다. 또한 그와 반대로 1970년대의 경우처럼 해악을 끼치게 되었는지에 대해서도 보여준다. 콥틱 교회의 발달사는 이집트라는 독특한 그 사회의 상황 안에서만 제대로 이해 될 수 있다.[16] 주일학교 운동은 1930년대 평신도들에 의해 시작되었다. 평신도에 의해 시작된 이 운동은 점점 사제들(priesthood)에게와 수도원 생활 그리고 교구에까지 확산되었다. 교황 시누다 3세(Shenouda III)의 선출과 함께 이 운동은 전체 콥틱교회 사역의 중요한 부분으로 자리 잡게 된다. 이집트 콥틱교회의 이런한 운동들은 북 아프리카에 큰 영향을 주었다.

18세기에 미국 선교사들에 의해 개신교 선교사역이 시작되면서 주된 촛점은 학교 등을 설립하고 복음을 전파하는데 있었다. 교회, 학교, 병원들을 짓고 사회에 좋은 영향을 미침으로 지역사회에 도움을 주었다. 이러한 선교전략으로 유럽과 미국 선교회를 통해 아프리카 지역에 개신교의 사역들이 이루어졌다.

3. 종교적 배경

아프리카에는 수많은 종교들이 있는데, 크게 이슬람과 기독교로 나눌 수 있다. 블랙 아프리카에 복음이 전파된 시기는 15세기 말 포르투갈의 이 지역 진출에 따른 것으로, 콩고와 앙골라에 선교사들에 의해 교회가 세워졌다. 그러나 블랙 아프리카에서 기독교의 대대적인 포교활동이 시작된 것은 18

---

16 Arab-West Report (www.cawu.org) 에서 나온 자료를 토대로 만들어졌다. RNSAW, 2002 week 46A. ART23, *Renewal in the Coptic Orthodox Church*

세기 이후이며, 19세기 말부터 시작된 식민지주의의 본격적 진출과 함께 포교활동도 절정에 달했다. 그 외 아프리카 기독교 교파로는 성공회, 아프리카 독립 기독교회(African Independence Christian Church)가 있다. 기독교의 분포지역은 대체로 이슬람도의 분포지역에서 벗어난 블랙 아프리카가 중심이다. 그 외 힌두교도가 약 138만이라 하는데 인도계 사람이 많은 남 아프리카 공화국이나 케냐 등 동 아프리카 일부에 한정되어 있다. 나머지 아프리카인들은 대부분이 애니미즘 전통종교를 가지고 있는데 사회의 근대화에 따라 기독교나 이슬람을 받아들이는 경향도 보인다. 이로 인해 기독교인과 무슬림의 수가 서서히 증가하고 있다.[17]

기독교는 1세기 이후 지중해 연안에서 북 아프리카로 전래되었고, 북 아프리카는 1-3세기에 기독교의 당당한 중심 무대였다. 북 아프리카는 기독교의 요람이라 할 수 있다. 예수께서 돌아가신 후 150년 후부터 기독교가 전파되기 시작했다. 특별히 이집트는 예수께서 피난 오신 때(마태 3:13-15)부터 기독교가 시작되었다. 교부 오리겐은 이집트의 알렉산드리아 출신이고, 교부 터툴리안과 어거스틴 등은 북 아프리카 출신이다. 이들을 북 아프리카 지중해 연안 도시들에서 활발하게 활동했다. 3세기 말에는 동로마의 기독교가 주류를 형성하였다.

아프리카의 기독교는 16-18세기 노예무역시대라고 할 수 있다. 18-19세기에 포르투갈이 확장하면서 콩고지역에 카톨릭교를 전파했다. 18세기 말에는 영국과 미국에서 개신교의 부흥이 일어나면서 초기 선교사들의 수고로 사하라 남부에 교회들이 시작되었다.

이집트는 기독교가 들어오기 이전에는 이교도의 나라였고, 로마 제국의 멍에 아래서 환멸을 느끼고 있었지만, 그 때문에 오히려 구원을 열망하는 그들의 전통적인 생각이 기독교의 복음에 길을 준비하는 결과를 낳았다. 이때 마가에 의해 콥틱교회가 시작되었는데 콥틱은 이집트의 토착적인 기독교이다. 콥틱교회는 성 마가(St. Mark)가 1세기경 당시 로마 네로제국의 통치지역

17 위키백과, 12

이었던 이집트에 복음을 들고 온 것에서 역사가 시작되었다.[18]

종교적인 영역에서 보면 5세기까지 비록 콥틱이 로마인과 이방 황제로부터 핍박을 받았지만 기독교는 이집트에서 꾸준이 성장했다. 주후 313년 콘스탄틴 황제의 개종으로 핍박은 끝나고 기독교화 과정은 가속화되었다. 처음 4세기 동안 콥틱의 교부와 집사와 학자들이 이교를 반박하는 논증을 강하게 발전시켰다. 주후 325년에는 니케아 회의에서 콥틱 교황 아타나시우스에 의해 저작되고 잘 알려진 'Canon of the Creed'에서 콥틱의 삼위일체와 그리스도의 단성론으로서 1세기 성 마가에 의해 교회가 세워진 후 변함이 없었다.[19] 이와 같이 콥틱교회는 힘든 과정 중에도 신앙과 교회를 지키며 아프리카 나일강 유역의 에디오피아와 수단까지 복음을 전파했다.

예수님 당시에 북 아프리카에, 특별히 이집에는 약 100만 명의 유대인들이 살았다고 한다. 로마제국 당시 북 아프리카에 박해가 있었지만, 박해 속에서도 기독교 신앙을 파수한 신학자들과 신자들이 있었다. 저스틴(소아시아 사람으로 북 아프리카에서 활동)은 기독교 변증가로서 순교하였고, 오리겐의 아버지도 순교하고, 펄페투아(Perpetua)와 하녀 페리치타스(Felicitas)도 순교하였다. 그들은 경기장에서 많은 관중들의 야유와 비난 속에서 짐승의 밥이 되고 검투사에게 죽었다.[20] 북 아프리카 알렉산드리아에서 신학이 발전하게 된 동기는 이 지역에서 그노시스가 발전함으로 여기에 대처하기 위한 기독교 신학이 발전한 것이다. 터툴리안과 클레멘트와 오리겐의 활동이 입증해 준다. 알렉산드리아는 신학논쟁의 근원지이기도 하다. 교부 아타나시우스는 아리우스가 기독론에서 그리스도의 신성은 성부에 종속된다는 주장을

---

18 St. Antonius는 레위 족속에 속해 있는 아프리카인 유대인 가정에서 태어났다. 그의 가족은 그레네 (지금의 리비아 지역)에서 살다가, 베르베르인들의 점령으로 모든 재산을 빼았긴 후 아들 마가요한 (John Mark, 행 12:12, 25 ;15:37)과 함께 예루살렘으로 이주했다. 그는 고등교육을 받았고, 히브리어, 그리스어, 라틴어 등 언어에 정통한 사람이었다. 그의 가족은 매우 종교적이고 예수님과 자주 친밀한 관계를 가지고 있었다.

19 Suad Joseph and Barbara L.K. Phillsbury, *Muslim-Christian Conflicts: economic, political, and social origins* (Boulder, Colo.: Westview Press, 1978).

20 Luth A. Tucker, *From Jerusalem to Irian Jaya: A Biographical History of Christian Missions*, (Grand Rapids: Zondervan, 2004), 34.

하자 동질설(consubstantiality), 즉 성부와 성자의 위는 동일하다는것을 주장, 아리우스를 이단으로 정죄하게 된다. 아타나시우스는 로마 황제로부터 추방당했으나 수도원 지지자로 에티오피아 교회에도 많은 영향을 주었다. 에티오피아는 그리스어로 '볕에 탄 얼굴'이란 뜻이고, 2차 세계대전까지 아비시니아로 불렸다. 4세기경 에자나 왕이 이집트의 콥틱을 국교로 받아들였으며 3세기 이상 북 아프리카 기독교의 총 본산인 알렉산드리아와 밀접한 관계를 가졌다. 그러나 7세기 이슬람이 아프리카에 침입하여 에티오피아는 홍해 무역을 빼았기고 지중해 세계에서도 고립되고 말았다. 그럼에도 에티오피아의 기독교는 독자적인 발전을 이루어 쇠퇴하지 않았다.[21] 사도행전의 구스인 내시는 에티오피아에 가서 교회를 세운 것으로 알려져 있다. 에티오피아의 많은 교회들과 수도원들이 이슬람 침략으로 파괴를 당했다. 누비안의 기독교 이야기는 1959-1969년 유네스코가 이 지역에서 고고학적 자료를 발굴하면서 알려지게 되었다. 이 지역의 기독교 선교는 6세기에 무명의 콥틱 상인이 복음을 전하여 543년에 교회가 설립된 것으로 알려지고 있다.[22] 특히 이집트는 수도원 운동을 제일 먼저 발전시켰다. 3세기에 이집트인 안토니가 처음으로 쟈와화라나에 지역에 수도원을 시작하게 된다. 수도원은 번영과 안전을 가져왔고, 당시 로마 제국의 기독교는 헬라문명에 잠식되는 위험이 있었지만 기독교 영성을 지켰다. 디오클레시안 황제 때 박해를 피하여 개인적 경건을 추구한 안토니에 수도원은 중세 서구수도원의 모델이 되었다.[23]

7세기 북 아프리카와 중동은 영적 생명력이 결여된 상태에서 신학논쟁을 하게 되었고, 콥틱교회의 리더들이 약한 가운데 이슬람이 등장하게 되었다. 결국 쉽게 이슬람을 받아들이게 됨으로 인해 중동과 북아프리카 중심으로 전 아프리카에 이슬람의 영향력이 크게 작용하게 되었다.

2천 년 동안 수난과 박해를 겪어 온 중동 기독교의 정체성은 복잡하다. 중

21 역사교육자협의회, 『숨겨진 비밀의 역사 중동 아프리카』, 210-211.
22 전호진, 『전환점에 선 중동과 이슬람』 (서울: SFC 출판부, 2005), 161.
23 W.H.C. Frend, *The Rise of Christianity* (Philadelphia: Fortress, 1984), 875.

동지역에 콥틱교회, 로마 카톨릭, 희랍정교회, 개신교, 아르메니아교회, 수리아 계통 교회 등의 교회들이 기독교 정체성을 가지고 신앙을 지키고 있다. 이집트는 카톨릭에도 4개의 교파가 있으며, 개신교는 16개 교단이 있으니 오랜 시간 신앙을 지킬 수 있었던 것이 수도원의 영성으로 인한 것이 아닌가 생각된다. 특히 동방교회는 현재에도 기독교 역사를 이해하는데 도움이 되는 중요한 고전들을 소장하고 있다고 한다. 콥틱교회와 시리아 교회의 일부 수도원은 교회사에서 중요한 자료의 보고이기도 하다. 19세기 초 약 10%를 차지했던 콥틱교회는, 1968년 콥틱교회 설립 1900년 기념식과 교회당 헌당식에는 낫셀 대통령이 참석하였고 교회 건립에 막대한 돈을 지원하였다. 초기 콥틱교회는 수도원 운동뿐 아니라, 에티오피아, 리비아 동부, 예멘, 페르시아 가울 및 영국에까지 선교하기도 했다.

근대 선교운동 역사에서 1200년 동안 중동과 북아프리카 기독교는 침체기로 들어가고, 기독교 선교는 문이 닫혀 있었다. 선교학자 '니일'에 의하면 "중동에서 기독교 선교는 오랫동안 소외당하였고, 예수 그리스도의 신앙과 무함마드의 신앙이 만나게 된 것은 19세기 후반이다"라고 지적한다. 이슬람에 대한 무지는 일부 학자들의 노력에 의하여 사라지기 시작하였다.[24] 신학적 논쟁이 있는 가운데서도 선교 열정을 가지고 무슬림과 대화하려고 노력했던 '레이몬드 롤'이 대표적인 인물이다.[25]

에티오피아 교회는 에티오피아를 적대적인 이교도와 무슬림에 둘러싸여 고통 받았던 구약의 이스라엘과 동일시 했다. 에티오피아 사람들은 '네자시'라는 칭호를 가진 기독교인 국왕에 의해 다스려졌으며, 네자시는 공물을 바치는 각 지방 위에 군림하는 존재였다. 13세기 중반에는 다시 살아난 에티오피아 왕정이 해안까지 이어지는 카라반 교역로를 지배하기 위해 무슬림 상인들과 경합을 벌였다. 그리하여 여러 왕국, 무역상, 기독교인, 무슬림 사이에 에티오피아를 지배하기 위한 길고도 격렬하며 아직도 해결되지 않은 충

---

24   Stephen Neill, *A History of Christian Missions* (New York: Penquin, 1964), 366.
25   전호진, 『전환점에 선 중동과 이슬람』, 164.

돌이 시작되었다. 오늘날까지 이 지역의 역사는 무슬림과 기독교인 사이의 투쟁으로 점철되어 왔다.[26]

1979년에는 자마트가 콥트교인들과 적대적 관계에 서게 되었다. 기독교가 무슬림을 공격하고 무슬림 사이에서 선교활동을 하며 국가가 콥트교회와 결탁했다고 비난하는 내용의 유인물이 유포되었다. 무슬림과 기독교인 사이에 무력충돌이 일어났다. 1981년에 정부는 자마트를 해체하고 대중의 이해를 구하는 차원에서 기독교 교회의 책임자도 문책했다.[27]

북 아프리카 특별히 이집트는 기독교와 이슬람의 중심적인 나라로서 미래 선교에도 하나님께서 이집트를 어떻게 사용하실지에 대한 기대가 있다.

III. 아프리카의 이슬람

1. 역사적 배경

중동과 북 아프리카에서 이슬람은 7-10세기까지 아랍인의 정복 활동을 배경으로 북 아프리카, 스페인, 시칠리아, 지중해 연안의 유럽으로 전파되었다. 아랍인 전사와 상인들은 이슬람을 아프리카의 사하라와 수단 지역으로 확산시켰다. 10세기에서 12세기에 이슬람은 아라비아 반도에서 인도와 동 아프리카로 전해졌고, 13세기에서 15세기에는 다시 아라비아와 인도에서 말레이 반도와 인도네시아 제도로 전파되었다. 북 아프리카와 아나톨리아, 발칸과 인도의 경우에는 아랍 유목민 또는 투르크인 정복자들이 이슬람을 전파했다.[28]

이슬람으로의 개종은 7세기와 13세기에 중동에서 처음 일어났다. 두 개

---

26 아이라 M. 라피두스, 『이슬람의 세계사 1』, 신연성 역 (서울: 이산), 711.
27 아이라 M. 라피두스, 『이슬람의 세계사 2』, 신연성 역 (서울: 이산), 910.
28 라피두스, 『이슬람의 세계사 1』, 350.

의 국면으로 전개되었는데, 첫째는 아라비아 사막과 비옥한 초승달 지대의 부족사회에서 애니미즘과 다신교를 믿던 사람들의 개종이었고, 두번째는 중동의 농촌과 도시 및 제국에 소속된 일신교도들의 개종이었으며, 중동사람들이 쉽게 개종한 것은 아니었다. 10-12세기에 비무슬림 공동체의 사회적, 종교적 기반이 무너지자 교회의 권위가 약화되었고, 비무슬림에 대한 무슬림의 적대감이 고개를 들었으며, 지방에서는 산발적인 종교적 박해가 일어났고, 이라크와 이란의 신사층이 몰락하면서 비무슬림의 공동체 조직이 파괴되었다. 이런 상황에서 이슬람 교사들은 이슬람의 신조와 정체성에 바탕을 두고 지방공동체의 재건을 주도할 수 있었다. 이집트와 이란의 대부분은 10-11세기에 이슬람으로의 개종이 일어났을 것이라고 추측된다. 시리아 북부에서는 12세기까지도 기독교가 다수였으나, 이들은 십자군에 지원했다는 이유로 심한 압력을 받았다. 시리아인은 대부분 13-14세기에 이슬람으로 개종했으나 그 후에도 적지 않은 수의 시리아인들이 기독교를 고수했다. 이집트에 남아 있던 기독교는 14세기에 이슬람을 많이 받아들였다.

북 아프리카의 개종 역시 아랍인의 정복활동과 함께 시작되었다. 다만 베르베르 사회의 족장들이 처음부터 이슬람의 특정 종파를 부족간의 제휴나 국가형성의 기반으로 삼았다는 점에서 중동사회의 개종과 차이가 있다. 알제리와 모로코의 하와리즈파 국가는 부족 간의 관계와 원리 무역을 하기 위한 수단으로 이슬람을 받아들였다. 북 아프리카에서는 중동에 비해 빠른 속도로 개종이 진행되었다.

사하라 이남 아프리카에서 이슬람이 확산된 과정은 독특하다. 이들 지역에 이슬람이 자리를 잡은 것은 정복에 의한 것도, 중앙집권화된 국가의 강제에 의한 것도, 외국 무슬림 인구의 대규모 유입에 의한 것도 아니었다. 또한 대대적인 사회적 변화와도 무관하다. 이 곳에서 이슬람의 확산은 전적으로 무슬림 상인과 포교사들 덕분이었다. 이들은 가지에서 소규모 공동체를 건설하고 국가의 형성이나 교역 또는 정치적 정통성 확보에 관심이 있는 현지의 엘리트들을 압박하여 이슬람을 받아들이도록 했다. 사하라와 수단 지역의 경우 아랍인과 베르베르인 상인 및 입식자, 동 아프리카의 경우에는 아랍과 페르시아에서 온 입식자, 그리고 서 아프리카에서는 디울라족 공동체가 무슬림 세력의 기반이었다. 수단 지역에서는 무슬림 상인들이 식민지를 건설하고 현지의 정치 엘리트들과 협력하여 가나, 말리, 카넴, 송가이, 하우사 란드, 도곰바와 같은 국가의 통치자들에게 이슬람을 전파했다.

북 아프리카에서와 마찬가지로 이슬람의 수용은 국가체제와 정당성을 확보하고 다양한 민족 사이의 협력을 이룩하는 한편 무역망을 조직하고 숙련된 인력을 확보할 수 있는 발판이었다. 무슬림 국가들의 후원 아래 재판관, 울라마, 이맘 등의 소규모 학자엘리트가 양성되었지만, 하층민이 개종했다는 증거는 없다. 이슬람은 기본적으로 정치엘리트와 상업엘리트들의 종교였던 것이다.

서 아프리카의 일부 지역에서는 디울라족 무역상, 지주, 포교사, 교사 등이 각지로 흩어져 이슬람을 전파했다. 서 아프리카에서는 아랍 상인들이 전사엘리트들을 이슬람으로 개종시키는 힘을 발휘했는데, 동 아프리카에서는 아랍 상인들이 몇몇 소규모 국가의 통치권을 장악했다. 소말리아와 에티오피아에서는 아랍 상인들이 현지 종족과 혼인을 하고 부족연합의 지도자 역할을 했다. 동 아프리카의 도시국가에서는 아랍인 입식자들이 현지인과 통혼하고 주민 통합을 상징하는 새로운 언어와 문화 양식을 기반으로 해안지대 스와힐리 사회의 지배 엘리트가 되었다.[29]

아프리카 무슬림 국가의 형성이 대중의 개종으로 이어진 경우도 있었다. 소말리아와 모리타니를 비롯한 사하라 사막지역에서는 주민들이 적극적으로 이슬람을 수용했다. 이슬람 성자들은 국가로부터 노지를 지원받고 서민들을 이슬람으로 개종시켰다. 수단 지역에서는 아랍어의 확산과 이집트 및 중동과의 교류에 힘입어 서민들 사이에 이슬람이 뿌리를 내렸다.

이집트와 시리아는 아랍인-무슬림 칼리프조에 흡수된 최초의 중동이었다. 이들은 둘다 641년 정복되었다. 이집트는 우마이야 와조와 압바스 왕조 초기까지 주변부에 불과했으며, 9세기 중반부터는 압바스 왕조의 노예군인

---

29 라피두스, 『이슬람의 세계사 1』, 360.

들이 독자적으로 왕국을 세웠으나 단명으로 끝났다. 868-905년에는 툴룬 왕조, 935-969년에는 이흐시드 왕조가 이집트를 지배했다. 969년에는 파티 마 왕조가 새로운 칼리프 왕국을 건설하고 1171년까지 존속했다. 파티마 왕 조는 비옥한 초승달 지대와 아라비아에서 활동하던 카르마트 교단은 900년 경에 농민과 베두인을 선동하여 반란을 일으켰다. 파티마 왕조는 베르베르 인을 이끌고 북 아프리카와 이집트, 시리아의 일부를 점령했고 압바스 제국 이 멸망한 뒤에는 아랍 문명의 중심으로 부상했다.[30] 그러나 1171년 살라딘 에 의해 파티마 왕조의 마지막 칼리프가 제거되고 순니파 정권이 세워졌다. 이로서 이집트와 시리아의 역사는 19세기까지 합쳐지게 되었다.

살라딘이 이집트의 술탄국에 등장하면서 십자군에 대한 무슬림 반응의 세번째 국면이 시작되었다. 이집트에서 정권을 잡은 살라딘은 시리아와 메 소포타미아를 합병하여 통일된 무슬림 국가를 건설했다. 살라딘은 1174년 에 다마스크스, 1183년에 알레포, 그리고 1186년에 모술을 점령했다. 이어 하틴 전투(1187)에서 십자군을 물리치고 카톨릭의 예루살렘을 점령했다.[31] 오스만 제국은 1517년에 이집트를 정복했으나 이집트의 기존 사회구조에는 크게 손을 대지 않았다.

북 아프리카와 스페인의 이슬람 문명은 7세기와 8세기 아랍인 정복과 함 께 시작되었다. 이 지역의 역사는 칼리프 시대 중동의 발전과 그 궤를 같이 했으며 중동형 초기 이슬람 문명의 지방적 변형이었다. 12-13세기에 북아프 리카 이슬람 국가들은 이라크와 이란의 셀주크 제국 및 이집트와 시리아의 맘루크 제국을 그대로 본떠 제도를 정비했다. 670년 튀니지를 정복하고 알 카이라완, 트리폴리, 튀니스, 토브나에에 그리고 수많은 비잔틴 요새와 국경 지대의 리바트에 아랍군인을 주둔시켰다. 아랍인은 711년 모로코와 스페인 에 파고 들었다.[32]

---

30 라피두스, 『이슬람의 세계사 1』, 480.
31 라피두스, 『이슬람의 세계사 1』, 490.
32 라피두스, 『이슬람의 세계사 1』, 506.

북 아프리카의 아랍-이슬람 문명은 아랍인 정복자와 베르베르인과 지중해 연안 도시가 서로 융화됨으로써 생겨났다. 튀니지는 800-900년까지 트리폴리타니아, 동부 알제리를 지배했다. 모로코 북부는 또 다른 아랍-베르베르인 공국들의 중심이었으며 이슬람 중심이었다. 786년에 알리와 파티마의 후손이 옛 로마 제국의 도시 볼루빌리스에 이드리스 정권을 세웠다. 이드리스 왕국은 소국이었지만 최초의 모로코-이슬람 국가였으며, 아주 적극적으로 주민들을 이슬람으로 개종시켰다.[33] 13-19세기에는 튀니지, 알제리, 모로코가 이슬람화 되었으며, 12세기 이후에는 아랍과 스페인의 예를 따라 수피즘이 북 아프리카 전역에 뿌리를 내렸다. 농촌지역에서는 수피 중심의 공동체가 사회조직의 근간을 이루었다. 알제리는 13-15세기에 하프스 왕조의 지배하에 있었고, 15세기를 지나면서 수피 교사 주변에 많은 추종자가 몰려들었다. 19세기 초에는 권력이 제한적이었던 중앙정부와 알제리 사회 사이의 힘의 균형이 중앙 정부에 불리한 방향으로 전개되었고, 이 기회를 틈타 1830년에 프랑스가 알제리를 침략했다. 모로코는 무라비트 왕조와 무와히드 왕조시대에 영역국가의 토대를 마련했다. 그 후 마린왕조, 사드왕조, 알라위왕조가 차례로 이어지면서 모로코는 정치적 흥망을 거듭했다. 마린왕조와 와타스왕조가 지배할 때 모로코의 정치와 경제가 뒷걸음질 치자 수피즘이 부상했다. 모로코의 수피들은 일반적으로 마을 공동체에 거주하는 종교학자였다. 14세기의 전형적인 모로코 수피는 신비주의와 법학지식, 문학지식, 밀교의 관행을 결합시켰다.[34] 17-19세기에 여러 유형의 형제단이 새로 생겨나면서 수피의 영향력이 더욱 커졌다. 1899년과 1912년 사이에 프랑스는 이탈리아, 스페인, 영국, 독일과 외교협정을 맺은 뒤에 모로코를 점령하였다.

---

33 라피두스, 『이슬람의 세계사 1』, 510.
34 라피두스, 『이슬람의 세계사 1』, 547-548.

2. 서 아프리카의 이슬람: 수단 지역

수단 지역은 수 세기 동안 북 아프리카와 중동, 유럽에서 소비되는 금의
공급원이었다. 10세기 말 또는 11세기경에 수단 지역의 대다수 교역 도시에
무슬림 지구가 생겨났고, 무슬림은 이 지방 통치자들의 궁정에서 고문 또는
관리로서 중요한 역할을 담당했다.[35] 동부 수단이(오늘날의 수단) 중앙 수단이
나 서부 수단 지역의 역사와 다른 것은 이슬람이 북 아프리카가 아닌 이집트
에서 전래되었기 때문이다. 아랍인은 641년에 아스완 지역을 정복하고, 그
후 수 세기에 걸쳐 남진을 계속했다. 13세기 초와 16세기 말 사이에는 말리
가 서부 수단에서 가장 영향력 있는 정권으로 부상하여 이슬람의 중심지가
되었다. 말리는 세네갈 강과 나이저 강 사이에 있던 말링케족이 세운 국가였
다. 말리 왕국은 서 아프리카의 전형적인 이슬람 정권이었다.[36] 말리의 통치
자들은 카이로와 패스에서 이슬람학자들을 데려와 서 아프리카 특유의 이
슬람 교육 체제를 만들었다.

해안도시 스와힐리 이슬람은 최초의 무슬림 정착촌인데 9-10세기에 모가
디수, 마르카, 브라바와 같은 동 아프리카 해안의 북쪽 부분 즉 소말리야 지
역에서 생겨났다. 최초의 모스크가 건설된 12세기에는 잔지바르와 펨바가
가장 중요한 무슬림 정착지가 되었다 에티오피아와 소말리아에 아랍인과
무슬림이 처음 진출한 것은 해안지대의 상인들이 에티오피아 고원의 하라
르에 이슬람을 들여오고 다수의 공국을 건설했던 9세기의 일이었다. 12세
기에는 에티오피아 남서부 주변부에 여러 개의 이슬람 공국과 수장국이 생
겨났다. 무슬림들은 16-18세기 갈라족과 아파르족 티그레어를 사용하는 에
티오피아 남부와 동부의 일부 부족에게 이슬람을 전파 했다. 19세기 초에는
에티오피아의 고원지대와 홍해를 연결하는 교역과 메카 순례가 부활하고
아라비아 등지에서 노예에 대한 수요가 증함에 따라, 무슬림의 영향력이 다

35 라피두스, 『이슬람의 세계사 1』, 569.
36 라피두스, 『이슬람의 세계사 1』, 560.

시 확대 되었다. 1850년까지 수천 명의 이집트 노예가 에티오피아의 항구를 통해 수출되었다. 노예들은 대부분 갈라족과 시다마족의 이교도였다. 에티오피아에서 이슬람 성자와 수피공동체는 이슬람 확산에 크게 기여했다.[37]

동 아프리카와 서 아프리카에서 이루어진 이슬람 정치의 확산은 20세기 초에 유럽의 식민지배가 시작되면서 중단되었다. 유럽인의 개입은 15세기까지 거슬러 올라간다. 아프리카 해안을 탐사한 최초의 유럽인 포루투갈인은 교역소를 설치하고 서 아프리카와 유럽의 무역을 시작했다. 무슬림들이 독점하고 있던 수단 지역의 중심들을 기독교로 개종시켰다. 프랑스는 세넴감비아에 식민 제국을 건설하고 독일은 1884년에 토고와 카메룬에 보호령을 설치했다. 영국이 나이지리아, 가나, 시에라리온을 취하는 동안 프랑스는 서 아프리카에서 제국을 완성해 갔다. 1900년까지 프랑스는 수단 전역을 지배하게 되었고, 사하라 지역에서도 차드호까지 정복했다. 유럽의 경쟁국들은 동 아프리카에서도 식민지 쟁탈전을 벌였다. 아프리카 다른 지역에서는 1882년에 이미 이집트를 장악한 바 있는 영국이 1898년에 수단 지역을 대부분 정복했고, 1916년에는 다르푸르를 정복했다. 따라서 아프리카의 모든 이슬람권 다시 말해서 라이베리아와 에티오피아를 제외한 아프리카 전역이 제1차 세계대전 무렵에는 유럽의 지배하에 들어갔다.[38]

3. 사회적, 문화적 영향력

사하라 사막 이남의 아프리카 여러 나라의 이슬람은 상당히 많은 비율을 차지하고 있으며 계속적으로 증가하고 있다. 아프리카는 이슬람의 영향을 상당히 많이 받았다. 역사적으로 보더라도 아프리카의 이슬람은 종교에 그치지 않고 정치, 문화, 경제의 각 분야에서 커다란 역할을 해왔다.

이슬람은 아프리카인에게 수용되는 과정에서 아프리카 토착문화가 융합

---

37 라피두스, 『이슬람의 세계사 1』, 712-713.
38 라피두스, 『이슬람의 세계사 1』, 715-721.

되었다. 스와힐리 문화는 전형적인 예이지만 서 아프리카에서도 이슬람은 선조 숭배와 정령신앙 등의 토착 종교를 받아들이는 것을 묵인했다. 이런 이유로 이슬람은 더 쉽게 아프리카에 침투할 수 있었던 것이다. 이슬람이 갖는 중요한 측면은 교역과 메카 순례를 통해 아프리카 사람들이 전보다 더 대규모로, 광범위하게 이동하게 된 점이다. 여행자가 무슬림이면 어디에 가든지 어느 정도 안전을 보장받았다. 즉 이슬람은 민족 집단의 테두리 안에서 살던 아프리카인들에게 민족을 넘어선 보편적인 가치를 제공하였다. 마지막으로 아프리카의 식민지화와 이슬람의 관계를 살펴보면 이슬람은 각지에서 식민지 지배에 대한 저항의 거점이 되었다. 만데게 상인 출신이였던 사모리 투레는 19세기 말, 현재의 기니아를 중심으로 이슬람제국을 건국했다.[39]

1) 북 아프리카

아랍 북 아프리카의 근대사는 아랍 중동의 근대사와 비슷하다. 북 아프리카는 19세기에 이슬람 사회가 되었다. 수피즘은 농촌공동체 조직에 지대한 영향을 미쳤고, 전통적인 면이나 코즈모폴리탄적인 것과 혹은 민족적인 면보다는 이슬람에서 정통성을 찾으려 했다. 도시민은 아랍어를 사용하고 아랍문화를 받아들였다. 하지만 북 아프리카의 남부지역과 사하라지역, 산악지대에서는 베르베르어가 공용어이자 사회적 정체성의 기반이 되었다. 19세기 초에 유럽과의 경제경쟁은 아프리카 국가들의 농촌인구에 대한 통제력을 더욱 약화시켰으며, 이로 인해 북 아프리카는 모두 유럽의 지배를 받게 되었다. 프랑스는 1830년에 알제리를, 1881년 튀니지, 1912년 모로코를 보호령으로 만들었다. 1911년 이탈리아가 리비아를 침략했고, 식민통치는 북 아프리카의 사회구조에 심대한 변화를 가져오게 했다.[40] 알제리는 서양식 교육 또는 이슬람 개혁주의 교육을 받은 세대가 성장하게 된다. 알제리의 토

---

39 역사교육자협의회, 『숨겨진 비밀의 역사 중동아프리카』, 214-217.
40 라피두스, 『이슬람의 세계사 2』, 997.

착엘리트는 프랑스-아랍 학교에서 교육을 받은 부류로 이들은 무슬림으로서 사회적, 법적 정체성을 유지한 채 프랑스 사회에 온전히 통합되기를 기대했다. 20세기에 들어서면서 알제리 청년단을 조직하여 자신들의 요구사항을 관철하기도 했다. 1920년대와 1930년대의 또 다른 알제리 엘리트 그룹은 파리 이민자들로 이들은 지향하는 바가 급진적이고 내셔널리즘적이었다. 1926년 프랑스 공산당은 북아프리카의 별(ENA)을 조직했다. 이 조직은 알제리 독립을 적극 지지하게 하고 외국의 지배에 대항하여 단결할 것을 촉구하게 하였다. 제네바에 거주하는 레바논계 언론인 샤키브 이르슬란은 이슬람의 가치에 뿌리를 두고 아랍국가들과 동맹을 맺은 독립국 알제리를 건설해야 한다고 주장했다. ENA는 1937년에 알제리 인민당(PPA)으로 전환되었다. PPA는 본질적으로 인민주의적인 운동을 벌였으며, 지지기반은 원주민 이주 노동자들에게서 점차 직인, 소규모 상인, 노동자들로 확대되었고 제2차 세계대전 기간에는 대학생과 대학원생도 가세했다. 또한 엘리트는 이슬람 개혁주의 운동의 지도자들이었다. 이들은 이슬람 경전주의를 알제리 내셔널리즘에 적용했다. 개혁파는 학교들을 세우고 내셔널리즘 운동을 위한 투사들을 양성하고 알제리인의 민족적 정체성을 갖도록 했다. 한편 여성에 대한 시각은 알제리 사회의 문화적 성향을 상징적으로 보여주고 있다. 프랑스 통치기간에 여성교육과 여성의 공공적인 부분 진출이 처음으로 이루어졌다.[41]

이집트 역시 오스만 제국 내 이슬람 사회에서 국민국가적이고 세속적인 사회로 발전했다. 18세기 이집트의 울라마는 이스탄불의 울라마처럼 지배층의 일원으로서 정권의 이익을 대변하는 동시에 정부와 서민 사이에서 가교역할을 했다. 프랑스가 이집트를 침략하고 무함마드 알리와 토착 맘루크 집단이 권력투쟁을 벌이던 시절에 울라마는 전성기를 누렸다. 이집트는 19세기와 20세기 초반에 걸쳐 정부가 와크프를 몰수하자 대부분의 대학은 몰락하고 알아자하르 대학이 최고의 울라마 교육기관으로 되며, 알아자하르

41　라피두스, 『이슬람의 세계사 2』, 1005-1017.

대학의 쉬이크는 한정된 영역에서 울라마의 중요한 대변이자, 정부 측 입장에서 종교 엘리트를 설득하는 존재가 되었다.[42]

튀니지의 역사적 궤적은 여러 면에서 이집트와 유사하다. 전통적으로 국가 중심의 이슬람 사회였던 튀니지는 19세기 후반에 식민지배를 경험했다. 교육받은 신세대는 독립을 위해 이슬람 개혁주의와 세속적 내셔널리즘을 선호했다. 이집트나 터키와 마찬가지로 신정권의 한계와 실정은 이슬람의 가치를 신봉하는 반대세력의 대두를 재촉했다. 1978년 이후 튀니지 역시 정권과 이슬람 저항 세력 사이에 대립이 계속되고 있다.[43] 모로코는 이슬람법의 적용을 배제한 베르베르 문화를 장려했다. 무슬림은 이런 조치를 베르베르인을 기독교로 개종시켜 모로코 국민을 분열시키려는 음모로 간주했다. 베르베르인 공동체 자체가 관습 법정의 설치를 거부하고 샤리아의 적용을 요구했기 때문이다. 베르베르인 학생들은 프랑스어 대신 아랍어를 공부했고, 분리주의가 아닌 내셔널리즘 정서를 키워 나갔다. 또한 교통 통신의 발달, 도시로의 이주, 아랍어를 구사하는 행정관의 임명 등으로 인해 베르베르인은 아랍 이슬람에서 자신의 정체성을 찾게 되었다. 모로코는 국왕과의 개인적 유대를 중심으로 끊임없는 이합집산이 이루어지는 파편화된 사회로 정치적 안정에 급급하다보니 경제개발과 개혁은 뒷전으로 밀려났다. 1999년 하싼이 사망하고 그의 아들 무함마드 6세가 즉위했다. 통치권자는 바뀌었지만 모로코는 북 아프리카에서 가장 보수적이고 정치적으로 안정된 국가이다.[44] 이슬람운동 단체들이 대중의 지지를 받는데는 종교적인 이유만 있는 것이 아니다. 대중은 국가가 고용, 주택, 교육 같은 사회문제의 해결에 실패한 것에 항의하기 위해 이슬람 운동단체들을 지지한다. 전통사회의 사회 유대가 무너지면서 불안과 고립, 급진적인 이슬람 주의에 동조하는 사람이 많아졌던 것이다. 북 아프리카 사회는 군인과 관료가 주축을 이루는 엘리트

---

42 라피두스, 『이슬람의 세계사 1』, 883.
43 라피두스, 『이슬람의 세계사 2』, 1029-1030.
44 라피두스, 『이슬람의 세계사 2』, 1031-1041.

층과 반정부 이슬람운동에 참여하는 대중으로 양극화되어 있다. 결과적으로 아랍중동과 아랍 북 아프리카 사회에는 이슬람의 정치적 정체성이 상당히 양의적으로 이용되고 있다. 각국 정권은 내셔널리즘, 범아랍주의 이슬람 정체성을 다양한 형태로 조합하여 정통성을 주장한다. 이슬람은 국가의 이데올로기와 혁명적 유토피아를 둘 다 구성하는 요소이다. 이들 국가의 대중 문화속에는 국가, 민족, 국민, 이슬람의 정체성이 불완전하게 융합되어 있다.[45]

2) 서 아프리카

수단 지역, 사바나, 니제르, 모리카니아, 감비아, 시에라리온, 가나, 나이지리아 등은 식민지 통치와 독립으로 이슬람이 확산된 곳이다. 식민통치는 이슬람 전파에 기여했을 뿐 아니라, 무슬림의 사회적 성격과 종교적 관습, 공동체적 정체성에도 영향을 미쳤다. 무슬림은 18-19세기의 정치적인 열망을 포기하고 외국의 지배를 받아들일 수밖에 없었다. 식민지 통치는 아프리카 사회에 매우 복잡한 유산을 남겼다. 오늘날 아프리카 국가의 영토경계와 통치구조는 영국과 프랑스가 남긴 것이다. 이러한 식민통치를 통해 이슬람과 무슬림 조직이 확산되었다. 모든 지역이 균등하게 이슬람화 되었던 것은 아니다. 모리타니아, 세네갈, 니제르, 말리, 소말리아에서는 무슬림이 다수를 이루었고, 나머지 국가에서는 무슬림과 기독교가 토착 에니미즘 신봉자들과 뒤섞여 있었다. 나이지리아, 부르키나파소, 코트디부아르, 카메론, 수단, 에티오피아처럼 무슬림이 총인구의 절반에 이르는 나라에서는 그들의 인구 비율에 어울리는 정치적, 공동체적 구조가 형성되었다. 무슬림은 정치적 이데올로기와 종교적 의례, 계층과 환경의 차이에 의해 내부적으로 분열되기도 했다. 지난 반세기 동안 무슬림 사회는 다섯 부류의 집단이 있었다. 세속주의를 지향하는 무슬림, 울라마가 주도하는 무슬림 공동체, 수피교단,

---

45 라피두스, 『이슬람의 세계사 2』, 1049-1051.

개혁주의(와하브파), 이슬람주의자, 또는 급진적인 정치세력이다. 아프리카의 여러 무슬림 사회를 살펴보면 각 사회의 정신구조와 공동체의 구조뿐 아니라, 각 사회가 거대한 아프리카 문명에 적응하는 방식도 다르다는 것을 알수 있다.[46]

1970년대부터는 아랍중동 지역과의 접촉이 늘어나면서 이슬람과 아랍어 교육이 더욱 확산되었고, 사우디 아라비아, 리비아, 튀니지, 이집트는 모스크와 마드라사 운영경비와 장학금을 지원했다. 1973년도에는 여러 곳에 이슬람 국제대학을 설립하기도 했다. 1980년대에는 이슬람 주의가 더욱 중요해졌다. 개혁주의가 개인적인 삶의 정화에 전념했다면, 이슬람주의는 이슬람 국가 건설에 주력했다. 이슬람주의자들은 비효율적인 국가를 대신할 사회복지단체를 만들었고, 학교와 모스크를 후원하고 사회, 보건 서비스를 제공했다.

3) 남 아프리카

무슬림 인구는 약 32만 5,000명으로 총 인구의 2%를 차지한다. 이곳에 무슬림을 세 집단으로 분류한다면 첫 집단은 케이프 말레이인으로 17세기에 인도네시아 군도에서 건너온 사람들이고, 둘째 집단인 인도 무슬림은 19세기에 계약노동자, 무역상, 상인, 행상으로 남 아프리카에 온 집단이며, 세번째는 1860년 이후 말라위와 잔지바르에서 이주해 온 노동자들이다. 그밖에 무슬림으로 개종한 아프리카인도 일부 존재한다. 무슬림 가정에서는 수피의 전통에 따라 이슬람을 실천했다. 오늘날 남 아프리카 공화국의 무슬림은 종교적 권리를 보장받고 있다. 무슬림은 학교와 직장에서 종교행사 참석을 이유로 스케줄의 조정을 요구할 수 있다. 무슬림 청년운동, 이슬람의 소명, 키블라 같은 새로운 조직들도 꾸준히 생겨났다.[47]

---

46 라피두스, 『이슬람의 세계사 2』, 1242.
47 라피두스, 『이슬람의 세계사 2』, 1242.

4) 동 아프리카

동 아프리카의 국가들을 편의상 하나로 묶어서 살펴보지만, 각 나라의 역사적 경험이 너무나 다르기 때문에 공통점을 발견하기는 쉽지 않다. 19세기 말에 잔지바르 탕가니카, 케냐, 우간다 등지에 유럽국들의 보호령이 설치되면서 이 지역의 정치사는 새로운 국면을 맞이한다. 서 아프리카에서와 마찬가지로 식민통치는 세속적인 국민국가의 형성으로 이어졌고, 그 속에서 무슬림은 상당히 비중 있는 소수자였지만 정권의 이데올로기나 정치에는 영향을 미치지 못했다. 식민통치, 백인의 입식, 기독교 선교사의 활동 등으로 인해 오히려 이슬람이 확산되었다는 점도 서 아프리카와 다르지 않다.

에티오피아와 에리트리아는 무슬림과 비무슬림 인구로 분명하게 구분되어 왔다. 18세기 후반과 19세기 초반에 이슬람이 널리 확산되고 무슬림 공국들의 세력이 커가면서 기독교의 지배력이 약화되었다. 1934년-1935년에 에티오피아를 침공한 이탈리아는 에티오피아, 에리트리아, 소말리아를 통합하여 이탈리아 동 아프리카 제국을 건설했다. 무슬림과 기독교 인구가 절반씩을 차지하고 있는 에리트레아의 저항이 제일 심했다.

탄자니아는 1885년 독일이 탕가니카를 보호령으로 선언하고 이 지역에 최초의 해외 영토 정부를 두었다. 독일인은 아프리카인을 강제노동에 동원했다. 독일인의 경제적 착취는 반란으로 이어졌다. 남동부 탕가니카에서는 1905년 마지막 반란이 일어나 광범위한 지지를 받았다. 독일 총독은 아프리카인들의 적대감을 누그러뜨리기 위해 체벌을 금지하고 교육과 보건 개혁을 시작했다. 1993년에는 반 기독교 폭동이 일어나 기독교 계열의 학교가 공격을 받았다. 세속적인 국민국가가 붕괴하자 무슬림의 정체성에 대한 정의를 놓고 무슬림들 사이에서 갑론을박이 재연되기도 했다. 아랍세계에서 수련한 개혁교사들의 세력이 커졌다. 케냐는 백인 입식자의 사회가 되었다. 1888년에 영국 동 아프리카 회사의 손에 들어간 케냐는 1904년에 영국의 보호령이 되었고, 1918년에 직할 식민지가 되었다. 1923년부터 1952년까지 영국은 백인들이 최고의 토지와 광물자원을 차지할 수 있도록 흑백 분리

정책을 시행했다. 또한 의료, 교육, 경제 혜택 면에서 백인을 우대했다. 이런 차별정책에도 불구하고, 영국의 미션스쿨이나 군복무를 통해 아프리카인 엘리트가 배출되었다. 케냐의 무슬림은 총인구의 약 6%에 불과하지만, 아프리카인, 아시아인, 아랍인을 비롯하여 여러 민족으로 구성되어 있다. 해안지역 무슬림은 잔지바르와 밀접한 관계를 맺고 있다. 내륙의 무슬림으로는 키쿠유족, 마사이족, 마루족 등이 있는데 이들은 제1차 세계대전 이후 해안 지역과의 교역을 통해 이슬람으로 개종했다. 무슬림 사회에서는 케냐 무슬림 복지회 같은 단체들이 학교와 진료소를 후원하고 있다. 케냐의 무슬림 사회는 지역적으로 스와힐리어가 통용되는 해안에 편중되어 있고 포교활동과 정치적 네트워크 형성의 기반이 되는 수피형제단이 없기 때문에 그 영향력이 제한적이다.

우간다에서는 영국의 지배력을 강화하기 위해 프로테스탄트와 손을 잡고 기독교를 전파하는 한편 이슬람의 확산을 막았다. 영국 지배하에 처음으로 우간다에 교육제도가 도입 되었는데 새로운 교육제도는 종교에 따라 차별적으로 적용되었다. 카톨릭과 프로테스탄트는 정부로부터 토지를 할당받는 특혜를 누렸지만, 무슬림은 관직 진출에서 불리했을 뿐만 아니라 모스크와 학교에 대한 지원도 거의 받지 못했다. 영국은 우간다에서 이슬람에 대해 적대적인 정책을 펼쳤지만, 아랍상인과 수단인, 스와힐리어 사용자와의 접촉을 통해 이슬람은 꾸준히 확산되었다.

동 아프리카의 시아파 공동체는 이스마일파, 이스마일파의 분파인 보라파, 십이 이맘파, 아흐마디야 교단 등 무슬림 인구에 비해 작은 규모이나 그 영향력은 컸다. 이스마엘 공동체는 1954년 일종의 헌법을 만들어 세속적인 업무와 종교적 업무, 교육, 보건, 재산, 기부금 모집 및 징세, 산업개발을 담당하는 기관을 설치했다. 동 아프리카 공동체는 민족, 종교파벌을 중심으로 매우 다양하게 파편화 되어 있다. 수단과 소말리야의 경우를 제외하면 동 아프리카의 무슬림은 정치적 소수자로서 국가권력에 참여하지 못하고 있다.

아프리카의 무슬림은 전통적으로 비무슬림이 지배하는 국가의 존재를 인정하고 그속에서 독자적인 공동체 조직을 형성했으나, 최근 수십년 사이에는 무슬림 공동체와 국가 사이에 문제가 생겨나고 있다. 1970년대 이후 나이지리아, 세네갈, 기니, 소말리아, 수단 등의 무슬림은 이슬람 교육의 강화와 이슬람법 시행, 이슬람 정체성의 도입을 요구해 왔다.[48]

4. 종교적 변화 배경

아프리카의 이슬람은 무슬림 상인이나 교사 또는 입식자들을 통해 전파되었다. 무슬림 공동체는 교역망, 가족관계, 사제관계, 수피교단 등을 통해 서로 연결되었고 주로 소규모 지역국가 혹은 국가 없는 사회에 뿌리를 내렸다.[49]

북 아프리카의 전 지역은 8세기에 이슬람 제국(우마이야왕조)의 제도 아래 들어가게 되는데 이슬람은 주로 세 개의 루트를 통해 사하라 이남 아프리카에 침투하게 된다. 첫째는, 이집트에서 나일강을 거슬러 올라가는 것이다. 나일강 상류는 이슬람 세계에 있어 금과 노예의 산지로 중요했다. 현재 수단 북부에 있는 흑인 기독교왕국인 누비아는 12세기 말부터 13세기에 걸쳐 무력에 의해 이슬람화 되고, 이어 나일강 유역에서 에티오피아와 차드로 퍼져들어갔다. 두번째는, 북 아프리카에서 사하라 사막을 종단하여 서 아프리카의 내륙지역으로 가는 것이다. 이러한 루트를 통해 아프리카에서 가장 넓은 지역과 많은 사람들이 이슬람의 영향 하에 들어가게 된다. 18세기-19세기에 걸쳐 서 아프리카에서 이슬람을 더욱 넓은 지역으로 침투하게 한 것은 '푸르베인 성전'(지하드)이다. 유목민이던 푸르베인은 신의 계시를 받아 이슬람의 성전(지하드)을 선언하였다. 그 후 짧은 시간에 서쪽으로는 세네갈, 동쪽으로는 카메룬 등에 이슬람 제국을 세웠다. 세번째는, 인도양을 거쳐 동 아프리카 연안부에서 내륙부에 이르는 것이다. 고대부터 페르시아와 아랍의 상인이 계절풍을 타고 바다를 건너와 동 아프리카 해안에는 몇몇 도시가 형성되

---

48 라피두스, 『이슬람의 세계사 2』, 1291-1312.
49 라피두스, 『이슬람의 세계사 1』, 657.

어 있었다. 그리고 7세기에는 이슬람이 전해졌다. 이 지역에 이슬람이 내륙으로 침투한 것은 19세기이다.

또한 북아프리카의 베르베르인은 하와리즘, 시아주의, 순니 개혁주의, 수피즘 아래 정복을 앞세운 종교운동을 전개하여 파티마 왕조와 무라비트 왕조, 무와히드 왕조를 세웠다.[50] 17-18세기에는 기존 법학파의 경직성과 성묘 수피즘의 밀교적인 면에 반대하는 개혁운동(타즈디드)이 출현했다. 또한 개혁주의 성향이 강한 학자들이 메카와 메디나에 모여서, 모로코, 이라크, 인도 등지의 새로운 경향을 대표하는 학자들이 신 수피의 사회활동과 하디스학을 결합시켰다. 개혁주의자들은 후대의 표준적인 총서들보다는 하디스의 초기 텍스트를 연구했고, 코란이나 예언자들의 가르침과 직접적인 관련이 없는 종교적 관행을 배재했다.

개혁주의 사상은 비공적인 접촉을 통해 급속히 확산되었다. 낙슈반디야 교단의 교사들은 교단을 예맨에서 이집트로, 그리고 인도에서 시리아로 전파했다. 카이로에서는 알 아자하르 대학이 개혁운동의 중심지로 부상했다. 알 아즈하르 대학은 이븐 알 아라비의 전통을 배격하고 하디스에 대한 학문적 연구와 알 가잘리의 가르침을 전했다. 이 대학을 방문한 북 아프리카의 학자들은 범신론적인 하나님과의 합일을 거부하고 예언자 무함마드의 정신과의 합일 및 그것의 모방에 관한 교의를 가르쳤다. 또한 개혁운동은 아프리카에서 대단히 중요한 위치를 차지하게 되었다. 수단 지역에서는 개혁주의에 자극을 받아 사누시야 교단과 티자니야 교단 수피형제단이 생겨났고, 우마르 탈(알 하즈 우마르)의 지하드가 일어났다. 이슬람 국가들이 정치적으로 붕괴하고 유럽 제국주의가 등장함에 따라, 개혁주의 수피즘은 유럽의 지배를 막기 위하여 무슬림 민족을 동원하는 새로운 역할을 맡게 되었다.

이슬람의 종교적 리더쉽과 신조는 무슬림의 사회조직에도 심대한 영향을 미쳤다. 가족, 씨족, 종족, 피보호인, 거주민 집단으로 구성된 도시 사회에서도 이슬람은 모스크, 하나카 즉 대학을 중심으로 공동체를 조직하는 원리

50 라피두스, 『이슬람의 세계사 1』, 342.

가 되었다. 이런 도시환경 속에서 법학파, 수피형제단, 시아파 분파는 특정한 이웃, 직업 또는 소수민족과 동일시 되기도 했다. 예전 11-12세기에 이란의 도시에서는 인근 공동체들이 특정 법학파와 거의 동일시 되었었다. 인도와 동 아프리카에서는 상인 집단이 이스마일파의 정체성을 갖고 있는 경우가 간혹 있었다. 이들은 연합회를 결성하여 정치적 지도력을 제공하고 자급자족적인 소규모 공동체를 위한 전례와 교육을 체계화했다. 이런 경우 상업활동에 요구되는 신뢰와 결속력은 종교에 의해 강화된 가족과 민족에 대한 충성심에서 나왔다.[51]

13세기 이후 수피즘은 종족사회와 불가분의 관계를 맺게 되었다. 종족사회에서 이슬람 성자는 카리스마 있는 종교교사로 등장했다. 알제리, 모로코, 소말리아 남부, 모리타니, 투르크메니스탄의 수피종족들은 무함마드 또는 초기 카리프까지 출계가 거슬러 올라간다. 이 집단들은 부족사회의 틀 안에서 독자적인 공동체를 이루었다. 북 아프리카에서는 7-13세기에 베르베르인이 하와리즈파, 시아파, 순니개혁파, 수피즘 등으로 통합하여 파티마, 무라비트, 무와히드 등의 왕조를 건설했다. 북 아프리카 전역의 농촌주민들은 수피가 이끄는 공동체에 통합되었다. 18-19세기에 서 아프리카에서 일어난 풀라니 지하드는 개혁적인 이슬람의 영향을 받은 것이었다.[52]

세속적인 측면에서 볼 때 파티마왕조는 베르베르 부족세력, 투르크인과 수단인 노예부대를 토대로 해서 생겨난 정복정권이었다. 파티마 왕조는 아바스 왕조의 효율적인 행정체재를 물려받아 이집트를 다스렸고, 행정요원은 유대인과 기독교 관료들로 충원했다. 신정권은 이스마일파를 국교로 삼았으나, 이집트 중심의 신앙을 바꾸려고 하지는 않았다. 이집트의 무슬림 인구는 주로 순니파였다. 파티마 칼리프조가 쇠퇴하면서 레바논에서는 칼리프 알 하킴(1021년 사망)이 마지막 이맘이며 진정한 하나님이라고 믿는 두르즈파가 생겨났다. 시리아와 메소포타미아, 이란의 전도사들은 이에 반발하여

51 라피두스, 『이슬람의 세계사 1』, 369-374.
52 라피두스, 『이슬람의 세계사 1』, 376-377.

알 무스탄시르의 장남 니자르를 진정한 이맘으로 인정했고, 이스마일파의 새로운 분파를 창설했다. 시리아는 셀주크에게 정복되었다. 셀주크는 1079년에 다마스쿠스, 1085년에는 안티옥과 알레포를 정복했다. 시리아는 이어 라틴 십자군의 침략을 받았다. 십자군 침략은 지중해 연안의 이슬람 열강에 대한 유럽 차원의 반격으로 시작되었다. 십자군에 대한 무슬림의 반응은 더디게 진행되었다. 그렇지만 십자군은 결국 시리아와 이집트가 하나의 무슬림 국가로 통일되는 계기가 되었다. 처음 무슬림이 보인 반응은 대체로 무관심이었다. 그러나 차츰 무슬림의 반격이 전개되면서 메소포타미아가 1099년부터 1146년까지 앞장을 서서 반격을 했다. 모슬이 일으킨 전쟁은 십자군에 대한 저항이 아니라, 무슬림과 기독교인을 가리지 않고 닥치는대로 영토를 빼앗는 것이 목적이었다. 기독교인과 무슬림 사이의 적대의식은 거의 없었다. 기독교와 무슬림 영주들은 종종 합세하여 장기의 침략에 맞섰다. 두 번째, 알레포를 물려받은 장기의 아들 누르 앗딘(1146-1174년 재위)의 등극과 함께 시작되었다. 누르 앗딘은 다마스쿠스 정복을 시도했다. 1147년 제2차 십자군에 포위공격을 당하자 지원에 나섰다. 드디어 셀주크 총독을 추방하고 다마스쿠스를 누르 앗딘에게 넘겨주었다. 결과적으로 이슬람 사회 내부에서 기독교인은 합세하여 십자군에 반대하는 새로운 공동체 의식과 종교 정신이 싹트고 있었음을 보여준다.

8-10세기에는 예루살렘에 대한 유대인과 기독교인의 관념이 이슬람의 교리에 통합되었다. 예루살렘은 현세와 내세를 연결하는 축이었다. 무슬림은 예언자 무함마드가 예루살렘에서 승천했다고 믿었기 때문에 예루살렘을 이슬람 역사의 한 부분으로 여기고 숭배했다.

살라딘의 통치가 시작되면서 이집트에도 순니파 학교가 세워진다. 13세기 초에는 아이유브 정권이 범 순니 정책을 채택하여 모든 법학파를 동등하게 인정하고 후원했다. 1222년에 설립된 다르 알 하디스 알 카미리야에서는 여러학파가 공동으로 받아들이는 법의 요점을 가르쳤다. 1239년에 설립된 마드라 알 살리히야는 4대 법학파가 모두 한 건물에서 지내게 했다.

15세기에는 오스만 제국이 이집트를 정복했는데 이집트는 홍해, 예멘, 누비아, 아비시니아, 아라비아의 성지를 지배하는데 아주 중요했다. 또한 이집트에서는 알 아즈하르 대학에서 하디스 연구가 부활하여 개혁적인 분위기가 조성되었다. 개혁파는 학문적이고 윤리적이며 금욕주의적인 울라마의 정신을 강조하는 한편, 지방색을 띤 편협한 성자숭배를 버리고 보편적인 이슬람의 추구를 주장했다. 18세기 후반 이집트는 샤리아파, 수피-시리아파, 성묘수피파, 이슬람 개혁파가 공존했던 것으로 보인다.[53]

북 아프리카의 이슬람화는 국가 형성과 밀접한 관련이 있지만 8세기에 이미 정치를 떠나 이슬람의 가치를 국가의 이익보다 우선시하는 종교엘리트가 출현했다. 알카바시(935년-1012년)는 신학자로서 하디스, 신비주의의 경건한 종교의식을 강조했다. 1049년 지르 왕조는 순니파를 수용하고 아바스 왕조의 칼리프를 섬기게했다. 말리크파의 중심지는 알카이라완과 투니쉬였지만 해안지대의 요새에서도 말리크파는 강력한 지지를 받았고 남부 모로코와 서 아프리카로 전파되었다. 중동과 북 아프리카의 수피즘은 조직화된 종교운동이라기보다 종교적 감성의 표현이었다.

13세기 중반까지 아랍인의 침입과 이슬람의 도입은 한 세기에 걸쳐 국가 건설작업에 큰 영향을 미쳤으며, 그 결정이 튀니지와 모로코가 영역국가가 된 것이다. 아울러 이슬람은 지배적인 종교로 입지를 굳혔다.[54]

서 아프리카에서는 이슬람 제국이 중앙 수단과 서부 수단 지역을 중심으로 생겼다. 13-19세기까지 기니의 사바나 지대, 세넴감비아, 모리타니아는 무슬림 공동체 지역이었고, 18세기와 19세기에 지하드와 국가 형성이 이루어진 지역이었다. 13-16세기 말 사이에는 말리가 서부 수단에서 가장 영향력있는 정권으로 부상하여 이슬람의 중심지가 되었다. 말리왕국은 서 아프리카의 전형적인 이슬람 정권이었다. 말리의 통치자들은 카이로와 패스에서 이슬람 학자들을 데려와 서 아프리카 특유의 이슬람 교육체계를 만들었

---

53 라피두스, 『이슬람의 세계사 1』, 487-497.
54 라피두스, 『이슬람의 세계사 1』, 516-517.

다.[55]

수단 지역 왕국들의 남쪽과 서쪽에 해당하는 볼타 강 유역과 기니 삼림 지대에서도 유사한 무슬림 종교공동체가 생겨나고 이슬람에 대한 연구가 이루어졌다. 세네감비아 지역에서는 이슬람 학자 종족의 역할이 두드러졌다 자한케족은 푸타잘론, 분두, 덴틸리아, 밤부크등의 마을과 도시에 흩어져 살았다. 이들은 평화적인 공존을 위하여 노력했고, 정치나 전쟁에는 개입하지 않았다.

서 아프리카의 지하드는 16세기 모리타니로부터 차드에 이르는 무라비트 운동을 닮은 지하드가 일어났다. 18세기와 19세기의 지하드는 이슬람 학자와 교사, 순회 선교사와 그들을 추종하는 제자, 그리고 무역 및 농업 공동체의 종교지도자들이 주도했다. 이들은 알 마길리 같은 15세기의 호전적인 개혁주의자, 이슬람 문학, 메카와 메디나 순례를 통한 수피 개혁세력과의 접촉에서 영감을 얻었다. 서 아프리카에서 일어난 지하드는 결국 19세기 말에 영국과 프랑스에 의해 진압되었다. 중앙 수단 지역은 지하드의 또다른 중심이었다. 이슬람 성직자와 개혁가들이 무함마드와 초기 칼리프의 생활을 모범으로 삼은 이슬람 사회의 건설을 꿈꾸었다.

이슬람력 13세기(서기 19세기)에는 이슬람이 이교도의 세계를 제압하고 승리를 거둘 것이라는 기대가 서 아프리카와 중앙 아프리카 전역으로 확산되었다. 13세기는 매 세기마다 한 번 나타나는 이슬람의 쇄신자 즉 '무자디드'의 시대이자, 제12대 칼리프인 타쿠루르의 칼리프 시대가 될 것이며, 그 뒤에 메시아가 도래할 것이라는 믿음이 널리 유포되었다.

우스만의 영향을 받은 지하드는 이슬람이 남부 나이지리아로 확산되는 것을 도왔다. 16-17세기에 보르누, 송가이, 하우살란드의 무슬림 상인들이 요루발란드로 들어와 처음으로 요루바족을 개종시켰다. 이들 무슬림 공동체는 이맘의 지도하에 조직되었으며, 이맘은 예배와 축제를 인도하고 분쟁을 조정했다.

---

55 라피두스, 『이슬람의 세계사 1』, 659.

개종의 첫 단계에 아프리카인은 이슬람 문화와 의식의 요소를 받아 무슬림의 정체성은 없었다. 장신구, 의복, 음식, 부적 같은 이슬람 물질 문화의 요소와 일부 종교적, 신화적 개념이 아프리카 문화의 일부로 흡수되었을 뿐이다. 다음 단계에서는 공식적인 개종이 이루어졌고, 울라마가 하느님의 의지를 대표하는 유일한 권위자로 인정되었다. 또한 기존의 공동체의 숭배대상은 힘을 잃고 알라숭배가 최고의 신앙이 되었다. 세번째 단계에 이르러서야 무슬림 공동체들은 아랍 이슬람의 규범을 채택했으며, 이를 통해 행동과 관습의 변화가 생겨났다.[56]

수단 지역의 주민들 사이에서 본격적인 개종이 이루어지던 바로 그 시기에 이슬람의 확장은 유럽의 개입으로 중단되었다. 19세기 말에는 프랑스와 영국이 이 지역을 지배하기 시작하였다. 프랑스는 1893년에 세네갈과 우마르가 세운 국가를 손에 넣었다. 이후 1998년에는 사모리 왕국을 멸망시켰다. 한편 영국은 1903년 서커너 칼리프조를 격파했다. 모든 이슬람 국가들이 패배하고 이들이 시민제국에 흡수됨으로써 위대한 지하드의 세기는 종말이 된다.

동 아프리카는 무슬림 인구의 또 하나의 큰 지대를 형성했다. 이곳의 이슬람은 아무달라 이집트와 아라비아 그리고 인도양 지역으로부터 일차적인 영향을 받았다. 서부 수단에서 이슬람이 본질적으로 왕실과 무역공동체의 종교였던 반면, 동부 수단에서는 이슬람이 대중의 종교였다.

이슬람은 두개의 주요 교역로를 따라 내륙으로 전파되었다. 남로는 해안 도시 킬와와 말린디에서 말라위 호 일대로 연결되었다. 아브달라 이븐 살림은 남로에 위치한 은호타코타에 정착하여 무역을 장악하고 이 지역의 주장이 되었다. 그의 후계자들은 아랍어와 이슬람에 대한 교육을 제도화했다. 그렇지만 19세기 말까지도 이슬람 사회는 동 아프리카의 여기저기에 조금씩 흩어져 있는 정도였다. 그것은 부족이나 종족 단위가 아니라 개인의 개종을 통해 이슬람이 전파되었기 때문이다. 무역을 통해 아랍인과 협력관계를 맺

---

56 라피두스, 『이슬람의 세계사 1』, 681-699.

은 수장들은 이슬람을 받아들였다. 또한 소속 공동체에서 이탈한 노예와 짐꾼들도 이슬람으로 개종했다. 이슬람은 종교로 받아들여졌을 뿐, 정치적 공동체적 정체성과는 무관했기 때문에 무슬림과 기독교, 이교도가 같은 마을에서 심지어 한 가족 안에서 함께 생활했다.

에티오피아와 소말리아에 아랍인과 무슬림이 처음 진출 한 것은 해안지대의 상인들이 에티오피아 고원의 하라르에 이슬람을 들여오고 다수의 공국을 건설했던 9세기의 일이었다. 12세기 경에는 에티오피아 남서부 주변부에 여러 개의 이슬람 공국과 수장국이 생겨났다. 19세기 초에는 에티오피아의 고원지대와 홍해를 연결하는 교역과 메카 순례가 부활하고 아라비아 등지에서 노예에 대한 수요가 증가함에 따라 무슬림의 영향력이 다시 확대되었다. 1950년대까지 수천 명의 이집트 노예가 에티오피아의 항구를 통해 수출되었다. 노예들은 대부분 갈라족과 시다마족의 이교도였다. 무역이 무슬림에게 유리한 방향으로 진행되면서 많은 갈라족이 이슬람으로 개종했다.

유럽의 경제국들은 동 아프리카에서도 시민지 쟁탈전을 벌였다. 이 지역에 대한 영국의 관심은 무역과 노예제, 기독교 선교에 있었다. 영국은 인도남 아프리카, 독일은 1884년 남서 아프리카의 카메룬과 토고에 보호령을 세웠고, 1884-1888년 오늘날의 르완다와 부룬디의 영토에 포함되는 탕가니카를 지배했다. 독일과 영국은 1886년과 1891년에 각각 협정을 체결하고 동 아프리카를 분할했다. 1888년에는 영국 동 아프리카 회사가 케냐를 손에 넣었다. 한편 아프리카의 다른 지역에서는 1882년에 이미 이집트를 장악한바 있는 영국이 1898년에 수단 지역을 대부분 정복했고 1916년에는 다르푸르를 정복했다. 따라서 아프리카의 모든 이슬람권 즉 링베리아와 에티오피아를 제외한 아프리카 전역이 제 1차 세계대전 무렵에는 유럽의 지배하에 들어갔다.

이집트의 이슬람 개혁운동의 중심은 1928년 하산 알 반나가 설립한 무슬림 형제단이었다. 하산 알 반나는 이슬람 원리의 회복과 코란 및 이슬람 신앙으로의 복귀를 주장하였다. 그는 광범위한 추종자들을 확보하고 이들을 세포 또는 분회로 조직했다. 각 조직은 모스크, 학교, 병원을 갖추고 구성원들을 위한 협동노동의 기회를 만들었다. 1930년대에 이 운동은 적극적인 정치운동으로 발전했고, 체육집단과 준 군사집단이 또 다른 세포로 조직되었다. 1948-1949년에 이 운동은 영국의 지배와 정권의 무능에 대한 이집트 대중의 불만을 앞장서서 수렴하게 되었다. 무슬림 형제단은 울라마와의 협의를 통해 샤리아를 실행하는 이슬람 정부의 수렴을 주장하고, 이슬람 원리와 사회주의의 원리를 결합한 경제통제를 제안했으며, 소득의 공평한 분배를 약속했다. 이들은 철저한 경전주의, 이슬람의 사회적, 정치적 정체성 확립, 근대사회의 요구에 대한 이슬람 원리의 적응 등을 통해 도덕, 교육, 경제를 개혁함으로써 새로운 이슬람 국가를 건설하고자 주장했다. 나세르 시대인 1956년에 무슬림 형제단도 해체되어 지하로 잠적했다. 알아즈하르 대학, 사설 모스크, 자선활동, 와크프는 모두 국가 통제하에 들어갔다.[57]

이런 통치하에 이슬람이 약화되었다가 1970년 대 이후 다시 이슬람이 살아나게 된다. 사다트가 이슬람적인 레토릭을 다시 시작함으로써, 이슬람의 위상은 더욱 높아졌다. 현재 활동하고 있는 이슬람 부흥주의 단체들은 대부분 무슬림 형제단과 동일한 종교관과 사회관을 가지고 있다. 그들은 코란과 순니가 개인적인 도덕성의 기초가 되어야 한다고 믿을 뿐 아니라 일상생활 전반에 샤리아가 적용되어야 한다고 주장한다. 2011년 아랍혁명(Arab Spring)이 일어날때, 형제단이 약속했던 것은 절대로 정치에는 관여하지 않겠다는 것이었으나, 혁명 후 새 대통령을 선출할 때 형제단의 대표로 '무르시'가 후보로 나와 민중 투표로 대통령이 되었다. 선출된 지 1년도 되지 않아서 새 리더가 국민들을 실망시키는 일들이 드러나게 된다. 모임이 있는 곳마다 종교적 색상을 띠고 있어서, 이집트 국민들은 정치를 하는 것이 아니고 종교 지도자라고 하며 불만을 토로했고, 스웨즈 운하를 외국인들이 관리하도록 하려했고, 시나이 반도에 강격 이슬람 하마스가 들어오도록 허락함으로 인해 베드윈과의 충돌이 일어나며, 국민들의 실망과 불만이 극도로 오르게 되어 대통령이 된 지 1년 되던 해 2013년 6월 30일 대통령을 자리를 내놓

---

57 라피두스, 『이슬람의 세계사 1』, 709-897.

을 수밖에 없게 되었다. 이렇게 되면서 강경 이슬람 '살라피' 그룹이 강하게 들고 일어나 원리주의로 돌아가자는 운동이 일어나게 되었다. 이슬람 운동은 더 강하게 일어나 이슬람 국가(IS)와 대등하는 때가 되었다. 앞으로 어떻게 이슬람이 종교적으로 이끌어 가는지에 대해서 두고 봐야 하겠다. 이슬람 내에서 갈등과 파괴가 일어나면서 아프리카를 위한 미래의 선교적 방향이 어떻게 이루어져야 하는지에 대해 생각해야 하는 때가 왔다.

5. 아프리카의 미래를 위한 선교적 관점

1) 변하는 기독교의 선교

사도행전에 보면 30년에 하나의 유대적 소수파로 시작한 것이 60년에 이르러서 세계종교로 성장한 것을 볼 수 있다. 기독교는 로마제국의 대로와 강을 따라 확장되어 갔는데 동쪽으로 마케도냐, 남쪽으로 아라비아, 서쪽으로 북 아프리카, 북쪽으로 알마니아, 본도, 비두니아로 퍼져 나갔으며, 후에는 스페인, 아일랜드, 중국, 영국에까지 전파되었다.

북 아프리카에서 이슬람에 대한 포교는 급속하게 진행되었는데, 그 이유는 양적인 부흥은 컸지만 영적인 면이 나약했었기 때문이고, 지도자들이 권위를 중요시하며 세상과 타협한 결과 이슬람을 쉽게 받아들이게 되었다. 한편 교회사의 어두운 면은 1095년과 1272년 동안 7차례에 걸쳐 일어났던 십자군 원정이었다. 이것이 가능했던 것은 서방교회측에서의 셀쥬크 터키로부터 성지 예루살렘을 회복하고자 하는 소망과, 로마 카톨릭 교회측에서의 콘스탄틴노플을 중심으로 한 비쟌틴제국을 지지하고 터키의 침공을 막고자 하는 열정, 로마측에서의 동방과 서방교회의 분열을 치유하여 다시 한 번 기독교의 통합을 회복하고자 하는 간절한 소망이 있었기 때문이었다. 그러나 십자군은 실패했다. 기독교가 팔레스틴이라는 성지를 회복하기 위해 전쟁을 일으킨 사실은 자신들의 신앙 자체를 거부한 것이었고, 십자군 원정대들의 극악성으로 무슬림들의 마음에 지울수 없는 상처를 남겼다. 그 당시

70,000명의 무슬림을 학살한 사건은 역사의 흐름 속에서 무슬림들의 마음 속에 큰 아픔으로 남아 있다.

18세기에 이르러 여러 개신교 국가에서 선교사를 파송하기 시작했다. 그들은 중앙 아프리카의 미지를 개척하고 노예매매 제도를 중단케 했으며, 지역을 초월하여 선교를 확장시켜 나갔다. 이들 선교는 초교파적으로 진행되었는데 런던 선교회, 미국 해외 선교회 형태에서, 특정한 계층과 사람들을 대상으로 특수 선교의 형태로 발전해나갔다.[58]

2) 아프리카의 선교는 어떻게

아프리카의 기독교 성장은 1900년부터 시작되어 50년 동안 60배로 증가하였다. 기독교 비율이 가장 높은 지역은 남 아프리카 지역이고, 가장 낮은 지역은 서부 아프리카이다. 실제적으로 아프리카 교회는 아시아보다 성장 속도가 빠르다. 검은 아프리카의 인구는 3억 5천만 명이지만 카톨릭을 포함한 기독교인의 인구는 1억 7천만 명이다. 무슬림은 1억 정도이며, 나머지는 토속종교인들이다. 아프리카 교회가 성장한 요인 중 하나는 선교사들의 노력이었으나, 한편 식민주의가 가져온 문제들 중에는 심각하게 대두된 것들도 있고 교육적인 것과 사회적으로 혜택을 준 것들도 있다. 아프리카의 부족 형태는 선교에 유익이 되었다. 족장이 개종을 하면 부족민들은 다 개종을 해야 했기 때문이다. 또한 많은 재정을 교육사업에 투자하였고, 아프리카에 근대화의 기초를 놓았으며, 교육을 통해 토착문화의 유해를 방지하고, 사회의 경제, 정치, 사회적인 제반 문제에 기독교의 원리를 적용하려는 노력 등으로 많은 결실을 보게 되었다.[59] 그러나 20세기에 들어와서 이슬람은 동부와 서부 아프리카 지역에서 크게 발전하고 있다. 기독교와 이슬람 두 종교 모

---

58 Kane, J. Herbert, *A Concise History of the Christian World Mission*(Grand Rapids: Baker Academic, 1982), 요약 정요희, www.theology.ac.kr/institute/dtdata , 2015 (접속일 2015년 11월 5일)

59 정요희, www.theology.ac.kr/institute/dtdata (접속일 2015년 11월 5일)

두 포교사역에서 열심이고 경쟁적이다. 21세기 접어들면서 급변하는 기독교의 세계 분포에 대한 종교 사회학적 분석이 색다르다. 이 분석은 2001년 4월 16일자 "뉴스위크"에 난 기사였다. 그 기사의 제목은 "변모하고 있는 기독교"(The Changing Face of Christianity)이다. 그 "뉴스위크" 제목과 함께 예수 그리스도의 초상화가 나왔는데, 예수는 검은 피부색에 아프리카 전통 복장을 착용한 흑인 젊은이였다. 21세기의 예수를 아프리카인으로 소개하는것은 파격적인 일이다 왜 변모하고 있는 21세기의 기독교를 소개하면서 아프리카 대륙의 검은 예수(Black Jesus)를 표현했는지가 궁금했다. 특집 기사의 내용을 요약해 보면 21세기 기독교의 미래가 아프리카 교회의 장래에 달려 있다는 것이다. 더 이상 서구교회의 시대가 아니라 검은색 피부를 가진 아프리카의 예수가 기독교를 대표하는 시대가 올 것이라는 내용이었다. 이것은 아프리카에서 일어나고 있는 종교적 변화와 추세가 매우 의미심장한 상태임을 의미한다. 검은 대륙 아프리카에 세계 기독교의 미래가 달려 있다는 예측은 이미 여러 선교학자들의 연구를 통해 대두되고 있지만, 아프리카에서 일어나고 있는 사건을 보도하는 시사 주간지인 "뉴스위크" 지에서도 동일한 예측을 하고 있는 것을 볼 때, 아프리카에서 일어나고 있는 종교적 변화와 추세가 어떠한지를 짐작할 수 있다.

"아프리카에서 기독교가 한 번도 경험하지 못한 놀라운 현상이 전개되고 있다. 2000년 기독교 역사에서 전무후무한 속도로 한 대륙에서 빠른 속도로 확장되고 있으며 그 속도는 '폭발적인 증가(Explosive Expansion)라는 표현으로만 겨우 설명될 수 있다. 2001년에 출간한 [세계기독교 총람]의 통계에 의하면 1965년 이래 아프리카의 기독교인 숫자는 계속 46%의 성장세를 유지하고 있다. 이를 환산하면 하루에 약2만 3천여 명이 기독교로 개종하고 있고, 해마다 약 840만 명이 새롭게 복음을 받아들이고 있다는 뜻이다. '아프리카의 폭발적인 증가'는 사하라 사막 남쪽에서 더욱 두드러지고 있는 현상인데 앞서 언급한 [뉴스위크] 지에 따르면 매달 약 1,200개의 교회가 사하라 사막 남쪽지역에서 개척되고 있다. 이미 아프리카 기독교 인구는 유럽의 기독교 인구를 능가하고 있다. 유럽의 낮은 출산율과 아프리카의 높은 출산율 및 급속한 개종의 속도를 고려할 때, 그 폭이 점점 벌어지는 것이 확실시되고 있다. 세계 기독교의 중심축이 아프리카로 이동하고 있다는 선교학적 이론이 현실적 지표로 나타나고 있다."[60]

이런 추세로 아프리카가 기독교화 되어 간다면 뉴스위크에서 기사화한 내용대로 아프리카에 놀라운 변화가 있을 뿐 아니라, 아프리카에서 선교를 감당하는 시대가 오지 않을까 하는 예상을 해보게 된다. 이런 맥락에서 기독교가 전파하는 방식과 다를바 없이 교육과 모스크 확장, 사회사업을 확장시켜 나가며 오일머니로 지원되는 재정으로 이슬람화된 이들에게 어떻게 복음을 전달할 것인지에 대한 연구와 전략이 있어야 한다. 아프리카의 독특한 문화 속에서 이집트의 교회와 성도들이 해야 할 역활과 사명이 있다고 필자는 지적하고 싶다. 위의 글을 통해서도 알 수 있듯이 초기 기독교와 이슬람이 확장한 나라였던 만큼, 미래의 아프리카 선교도 이집트를 중심으로 해서 기독교의 확장이 아프리카뿐 아니라, 중동에까지 이르도록 사명을 감당해야 한다. 이집트인들을 선교사로 훈련하여 중동과 아프리카에 파견하고, 아프리카 교회의 열정적인 신도들이 선교의 사명을 감당하기를 소망하면서, 아프리카 선교에 지대한 관심을 가지고, 각각의 독특성을 가지고 있는 북 아프리카, 서 아프리카, 동 아프리카, 남 아프리카 별로 맞는 현장연구가 필요함을 제시해 본다. 지역연구를 통해 구체적인 선교전략이 나올 수 있도록 사람과 시간들이 투자되어야 한다고 생각한다.

---

60 김상근, "왜 아프리카 교회를 주목해야 하는가?," 두란노 목회와 신학, http://www.duranno.com/moksin/detail.asp?CTS_ID=36746 (접속일 2015년 11월 20일)

● 참고문헌

김정위. 『중동사』. 서울: 대한교과서, 2005.

아이라 M. 라피두스. 『이슬람의 세계사 1』. 신연성 역. 서울: 이산, 2008.

아이라 M. 라피두스. 『이슬람의 세계사 2』. 신연성 역. 서울: 이산, 2008.

역사교육자협의회. 『숨겨진 비밀의 역사 중동 아프리카』. 채정자 역. 서울: 예신, 2003.

전호진. 『전환점에 선 중동과 이슬람』. 서울: SFC 출판부, 2005.

Fr. Malaty, Tadros Yacoub. *Introduction to the Coptic orthodox Church*. Alexandria: St. George's Coptic Orthodox Church, 1993.

Frend, W.H.C. *The Rise of Christianity*. Philadelphia: Fortress, 1984.

Joseph, Suad and Phillsbury, Barbara L.K. *Muslim-Christian Conflicts: economic, political, and social origins*. Boulder, Colo.: Westview Press, 1978.

Kamil, Jill. *Coptic Egypt: History and Guide*. Cairo: American University Press, 1978.

Neill, Stephen. *A History of Christian Missions*. New York: Penquin, 1964.

Tucker, Luth A. *From Jerusalem to Irian Jaya: A Biographical History of Christian Missions*. Grand Rapids: Zondervan, 2004.

김상근. "왜 아프리카 교회를 주목해야 하는가?," 두란노 목회와 신학. http://www.duranno.com/moksin/detail.asp?CTS_ID=36746 (접속일 2015년 11월 20일)

"문화" (아프리카) https://ko.wikipedia.org/wiki/%EC%95%84%ED%94%84%EB%A6%AC%EC%B9%B4#.EB.AC.B8.ED.99.94 (접속일 2015년 11월 5일)

"아프리카" https://ko.wikipedia.org/wiki/%EC%95%84%ED%94%84%EB%A6%AC%EC%B9%B4 (접속일 2015년 11월 5일)

"종교" (아프리카) https://ko.wikipedia.org/wiki/%EC%95%84%ED%94%84%EB%A6%AC%EC%B9%B4#.EB.AC.B8.ED.99.94 (접속일 2015년 11월 5일)

"지리" (아프리카) https://ko.wikipedia.org/wiki/%EC%95%84%ED%94%84%EB%A6%AC%EC%B9%B4#.EC.A7.80.EB.A6.AC (접속일 2015년 11월 5일)

위키백과, 12

"초기 아프리카 기독교", 『신앙매거진』, 2014년 11월.

BBC: The story of Africa-Christianity; Pew Research Center : Global Chrisianity

http://namjindu25.tistory.com/entry/초기 아프리카 기독교 (접속일 2015년 11월 9일)

Kane, J. Herbert. *A Concise History of the Christian World Mission.* Grand Rapids: Baker Academic, 1982. 요약 정요희, www.theology.ac.kr/institute/dtdata, 2015. (접속일 2015년 11월 5일)

RNSAW, 2002 week 46A. ART23, *Renewal in the Coptic Orthodox Church*

이집트 시민혁명 이후
사회적 종교적 상황과 기독교 선교

황원주*

*　현 중동 선교사 (GO 소속)

● **ABSTRACT**

The Socio-Religious and Political Circumstances of Egypt
after 2011 Revolution and their Missiological Implications

Won-Joo Hwang

This paper examines the socio-political and religious developments of Egypt after 2011 revolution and their implications for contemporary missions in Egypt. As a part of the sweeping Arab Springs, Egyptian civilians succeeded in driving out the long-standing dictator in the 2011 revolution and elected the first civil government and the first civil president Mohamed Morsi. But the president Morsi backed up by Muslim Brotherhood failed to meet the needs of the majority of Egyptians. Rather his government eroused serious political conflicts that led to the instability of the society. Consequently, the military regime took over the political leadership by the assumed expectation of the majority of Egyptians for the much needed political and social stability. While the current government endeavors to take Egypt into the right direction by improving living conditions through economic development and social justice, several challenges such terrorist attacks and a sluggish economic recovery continue to hinder Egypt from moving forward for a better future.

After reviewing the political development after the revolution, this study identifies several main characteristics of the socio-religious and political complexity in Egypt in order to propose relevant missions strategies and necessary preparations for the anticipated spiritual awakening in Egypt.

● **Key words**

Egyptian Revolution, Socio-religious and political circumstances, torn country, Confusion of Islamic identity, Mission Strategy in Egypt.

I. 서론

아랍의 봄이 전 중동에 정치적 변화를 일으키는 가운데, 2011년 2월 11일 이집트의 시민들은 30년 무바라크 대통령의 군사독재를 물러나게 하고 시민혁명의 단기적 목표를 성취하였다. 이후 이집트는 2012년 6월 민주적 선거로 문민 정부를 세워 무슬림형제단(Muslim Brotherhood)에 기반을 둔 무르시 대통령 정부가 일 년간 집권하였다. 하지만 이슬람주의 정권이 집권한 지 일년이 지나면서 불만을 가진 다수의 시민들이 거리로 뛰어나와 정권을 물러나게 하는 시위를 하였고, 급기야는 첫 민선 대통령이 물러나고(2013년 7월) 다시금 군사정권에 기반을 둔 새로운 대통령이 집권을 하게 되었다. (2014년 5월 알씨씨 대통령이 선출되어 현재까지 집권). [시민 혁명 이후 일어난 정치적 변화들에 관하여는 표 1을 참조]

이집트 국민들은 많은 기대와 요구들을 가지고 시민혁명을 통해 의미 있는 변화들이 일어나기를 바랐지만, 지난 5년 동안 일어난 변화는 분명 기대에 부응하지 못했고, 오히려 더 많은 실망감과 좌절을 주고 있다. 현 대통령과 정부는 이집트 시민 혁명에서 나타난 국민들의 기대와 요구에 부응하여 국가적 안정을 이루고 지속적 경제발전과 사회적 정의를 이루고자 노력하고 있다. 하지만 국내외적으로 존재하는 이슬람 테러리즘을 비롯하여 많은 도전과 어려움들에 당면해 있다. 본고는 시민혁명 이후 이집트에서 일어난 정치적 사회적 종교적 변화들을 분석하고 현재 이집트가 처한 상황을 평가함을 통해 바람직한 기독교 선교의 방향을 제시하고자 한다.

표 1: 이집트 시민 혁명 이후 주요한 사건들

2011.1.25-2.11.	18일간의 평화적 시민혁명: 무바라크 정권의 퇴진 및 헌법개정 요구
첫번째 과도기 정부 (2011.2.11 - 2012.6) - 군사위원회 임시정부 기간	
2012.2.	의회선거에서 무슬림형제단이 50%, 살라피 누르(Nour) 정당이 5% 득표하여 75%가 친이슬람 의원들로 구성된 의회가 구성됨
2012.6.	대통령 선거에서 무슬림형제단 출신 무함마드 무르시가 무바라크 정권의 총리직을 지냈던 아흐마드 샤피끄를 근소한 차이로 누르고 역사상 첫 민선 대통령으로 당선됨(51.7%)
무르시 대통령 집권기 (2012.6 - 2013.7.3)	
2012.11	무르시 대통령이 대통령 권한을 강조하는 법령 선포, 이슬람에 기초한 개헌작업에 착수하고 개헌안을 국민투표로 몰아부침
2012.12.4.	이슬람에 기초한 헌법 개헌에 반대 및 국민투표에 반대 시위
2012.12.22.	개헌 헌법의 국민투표 결과 통과됨(투표자들의 63.8%) - 하지만 투표율은 32.9%로 저조함
2012.12.29	중앙은행의 발표 - 외환 보유고가 위험할 정도로 낮다는 발표 - 경제 혼란의 가중
2013.1.25.	시민 혁명 2주년을 기점으로 무르시 대통령 퇴진 운동 시위 발생함
2013. 봄.	무르시를 반대하는 청년들의 조직 타마루드(Tamarrud: "불복종"이란 의미) 서명운동 확산
2013. 봄.	친무르시 세력(무슬림형제단)과 반무르시 세력 충돌 - 사회적 혼란이 가중됨
2013.6.30.	백만이 넘는 시민들이 무르시 대통령 퇴진을 요구하는 시위
2013.7.3.	무르시 정부의 군사령관인 알씨씨가 무르시 대통령의 하야를 요구함
두번째 과도기 정부 (2013.7 - 2014.4) - 군사위원회의 임시정부 집권	
2013.8.	친무르시 세력 반발을 군부가 무력으로 진압, 수백 명(수천 명?)의 사람들이 희생된 것으로 보고됨; 40개 정도의 콥틱 교회들도 공격을 받음; 카이로 외곽의 쉬아파 마을이 순니 세력으로부터 습격을 받음
2013.12.	군사정부는 무슬림형제단을 테러리스트 단체로 규정하여 불법화 시킴
2014.1.	새 헌법이 통과되어 종교에 기초한 정치 정당을 불법화 함
알씨씨 대통령 집권기 (2014.5. - 현재)	
2014.5.	알씨씨(Abdel Fattah El-Sisi) 군 사령관이 대통령에 선출됨

2014.11.	시나이 반도의 무장 세력(Ansar Beit Al-Maqdis Jihad Group)이 이슬람국가(Islamic State: 이후 IS 무장조직)에 충성을 맹세하며 무력공격에 돌입
2015.5.	무르시 전대통령이 사형 선고 받음 - 2011년 혼란기를 틈타 죄수들의 탈옥을 공조한 혐의
2015.6.	검찰총장 및 공공기관장들에 대한 폭탄 테러
2015.11.	러시아 항공기가 시나이반도 상공에서 공중 폭파되는 사건

II. 2011년 이집트 시민혁명과 그 이후

1. 이집트 시민혁명 평가

현재의 이집트 사회를 이해하기 위해서는 역사적 전환점을 이룬 2011년의 시민혁명을 이해해야 한다.[1] 튀니지에서 시작된 아랍의 봄이 전 중동으로 확산되면서 이집트도 그 영향을 받고, 비교적 평화로운 과정을 거치며 30년 군사독재 정권을 물러나게 했다.[2] 이러한 이집트 시민혁명은 30년 군사독재를 청산하고, 경찰력과 군사정권에 억압되어 있던 시민들이 인간존엄, 자유, 경제적 및 사회적 정의를 요구하고 나선 용감한 행보였다.[3] 그들이 외친 구호는 "자유, 존엄, 사회정의" 혹은 "빵, 존엄, 사회정의"였다.[4] 시민들이 혁명세력으로 일어난 요인은 복합적이다. 정치적으로는 오랜 독재에 대한 반발

[1] 어떤 이들은 2011년 2월의 이집트 시민혁명 외에도 무르시 대통령을 물러나게 한 2013년 6월의 운동을 시민혁명이라고 간주한다. 하지만 본고에서는 독재정권을 물러나게 한 2011년의 시민혁명이 특정 정치 이익집단을 넘어선 전국민적 시민혁명이란 점에서 전자만을 시민혁명으로 고려한다.

[2] 이집트 역사에서 군사정권의 집권은 30년보다 훨씬 오래되었는데, 나세르 대통령 (Gamal Abdel Nasser 1954-1970), 사다트 대통령 (Anwar Sadat 1971-1981)을 거쳐 무바라크 대통령의 30년 집권으로까지 연결된다.

[3] Ahmed El-Sayed Al-Naggar, "Social Justice: The Unfulfilled Dream of the Egyptian Revolution," *Ahram online*, Jul 9, 2014; http://english.ahram.org.eg/WriterArticles/ NewsContentP/4/105671/Opinion/Social-justice-The-unfulfilled-dream-of-the-Egypti.aspx. 2015년 11월 26일 (접속).

[4] Ibrahim Awad, "The Future of Democracy in Egypt," *Ahram online*, Nov 8, 2015; http://english.ahram.org.eg/NewsContent/4/0/162869/Opinion/0/The-future-of-democracy-in-Egypt.aspx. 2015년 10월 25일 (접속).

과 새로운 사회적 변화에 대한 요구이며, 경제적으로는 침체된 경제에 대한 불만, 빈부격차, 및 경제발전의 불균형 심화 등이다. 총체적으로 국가의 변화를 주도해 갈 수 있는 새로운 정치 지도자가 필요했던 것이다.

시민혁명의 과정은 정치적 지도자나 사상이 기초가 되지 않은 채 발생했고, 특정 지도자들에 의해 의도적으로 조직화되지도 않았으며, 단지 사회적 변화에 대한 공감대를 형성한 다양한 사회적 계층의 시민들이 적극적으로 참여한 평화적이고 자발적인 혁명이란 특징을 갖는다. 이 과정에서 인터넷을 통한 소셜 미디어의 역할이 시민들 사이에 공감대를 도출했고, 공통된 관심으로 구체적 행동을 취할 수 있도록 시민들을 동원하였다는 점이 주목할 만한 특징이다.[5]

2. 무슬림형제단을 기반으로 한 무르시 대통령 집권기

시민혁명은 무바라크 대통령의 군사 독재정권을 물러나게 하는 것에는 성공하였다. 이후 이집트 역사상 최초의 민주적 선거를 통해 선출된 무르시 대통령과 무슬림형제단이 중심이 된 정권이 세워져서 일 년 동안 통치하였다. 하지만 무르시 대통령과 그의 정당은 이집트 전체 국민들의 기대와 요구를 부응할 만한 정치적 비전과 대안을 제시하지 못했고, 다수 국민들의 공감대를 이끌어 내지 못한 채 무리한 정치적 결정을 내림으로써 국민들의 반감을 사게 되었다. 예를 들면 대통령의 권한을 극대화하여 헌법의 제한조차 받지 않는 대통령 면책권을 보호하는 법령을 공포하여 야권의 강력한 반발을 사게 되었다.

가장 심각한 문제는 헌법 개정과 관련된 것이었다. 비록 이집트 국민들의

---

5   29세의 구글 마케팅 담당자 와엘 고님(Ghonim)은 경찰에 의해 죽임을 당한 젊은이를 사회에 알리고자 페이스북에 "우리 모두는 할리드 사이드입니다!" 라는 계정을 만들었다. 그 계정이 만들어 진 후 2분 내로 300명의 회원이 생겼났고, 3개월이 지난 뒤 25만 명의 회원이 새겨 났다. Jose Antonio Vargas, "Spring Awakening: How an Egyptian Revolution Began on Facebook," *New York Times*, Feb 17, 2012; http://www.nytimes.com/2012/02/19/books/review/how-an-egyptian-revolution-began-on-facebook.html?_r=0. 2015년 11월 26일 (접속).

다수가 분명 무슬림이지만, 무르시 정부가 이슬람 율법인 샤리아(Sharia)에 기초한 헌법 개정을 추진하고 국민투표에 부쳐 통과시킨 것은 많은 국민들의 반감을 일으켰다. 이로 인하여 무르시의 지지자들인 무슬림형제단과 반대 세력들 사이에 극심한 충돌이 발생했고, 수많은 시민들이 다시금 반정부 시위를 일으켜서 사회적 혼란이 가중되었다. 급기야 이 소요를 잠재우기 위해 2013년 7월 군부세력이 정권을 잡고 사회적 혼란을 안정시키는 역할을 담당하였으며, 2014년 6월 선거를 통해 군부 출신의 알씨씨 대통령이 정권을 잡게 되었다.

이집트 역사상 최초의 민선 대통령과 정부였던 무르시 정부가 실정을 하게 되는 과정은 이집트 사회의 주요 특징들을 이해하게 해준다.[6] 첫째, 무슬림형제단이 과연 이집트 사회에서 어떤 존재이며 얼마나 큰 사회적 국민적 기반을 가진 조직체인가를 여실히 보여준 반면, 정치조직으로서 능력이 부재하다는 사실과 국가경영을 위해서는 종교적 사상적 한계를 가진 존재임을 보여주었다. 1928년 하산 알 반나에 의해 설립된 후 무슬림형제단은 이집트 사회 내에 전국적 네트워크를 가지고 영향을 미쳐오던 거대한 조직이었다.[7] 오랜 세월 군부 정권 아래에서 합법적 지위를 유지하며 명맥을 이어온, 이슬람주의적 성향을 가진 야권조직이었다. 인적 자원도 풍부하여 각 분야의 전문가들(의사, 변호사, 기술자 등)이 산재해 있고, 막대한 재력을 바탕으로 의료 및 교육 분야를 필두로 수많은 영역에서 이집트 국민들에게 사회봉사를 해온 조직이었다. 특히 경제적으로 소외된 계층들에 대해 사회봉사를 해왔으며 이를 통한 지지기반을 확보해 온 것도 사실이다.

---

6   무르시 정권의 실각 원인에 대해서는 아래의 자료들을 참고하라. 인남식, "2013 이집트 정변의 함의와 전망," 국립외교원 외교안보연구소 주요국제문제분석 (2013); 김개형, "이집트 무슬림형제단의 실각과 그 후," 삼성언론재단 해외연수 보고서 (2015); http://www.ssmedianet.org/v2/05_essay/04_essay_view.php?pdsPart=pds9&pNo=3184&searchKey=&searchValue=&cpage=1&searchYear=&searchCate=. 2015년 10월 29일 (접속); Sarah A Topol, "A List of the Mistakes of Mohamed Morsi," *Bloomberg Businessweek*, Jul 2, 2013; http://segbwema.blogspot.com.eg/ 2013/07/a-list-of-mistakes-of-mohamed-morsi.html. 2015년 11월 15일 (접속).

7   이집트 무슬림형제단의 성장과 역사에 관하여는 송경근, "이집트 무슬림형제단의 성장, 투쟁, 사회적 역할 및 제도권 진입에 관한 연구," 『한국이슬람학회 논총』, 19:1 (2009), 151-174를 보라.

하지만, 무슬림형제단은 시민혁명과 민주적 선거의 결과로 급작스럽게 집권당이 되었기에 건강한 야당으로서 정치적 활동을 해 본 적이 없었고, 갑자기 맡겨진 국가 경영이라는 큰 과제를 감당할 준비와 성숙도가 없었다.[8] 정치 지도자 그룹으로서 전체 국민들을 어울러 조화시키고, 다양한 정치집단들의 의견을 조율하며 절충하고 함께 모아 국가적 비전과 발전의 방향을 제시하는 것에 실패했다. 오히려 무슬림형제단 조직의 이슬람 사상의 기초에 입각하여 종교적 논리만을 강조하고, 배타적으로 자기 조직의 이득을 우선시 하는 오류를 범하였고, 이는 사회적 분파적 분열과 충돌 및 국가적 혼란을 초래하게 되었다.[9]

둘째, 이집트 사회 내부에 뿌리 깊게 자리 잡고 있는 기득권 계층의 거대한 네트워크(소위 딥 스테이트 Deep State라고 한다)가 이집트 사회에서 얼마나 중요한가를 인식하는 계기가 되었다. 원래 딥스테이트란 용어는 터키 근대화 과정에서 국가 내에 커다란 영향력을 가진 다양한 집단의 연결체로, 국가 내에 존재하는 또 하나의 국가단위를 일컫는 말이다. 딥스테이트는 공개적 조직체가 아니고 실제로 중앙집권적 구조를 갖지 않기 때문에 그 정체를 명확히 파악하는 것이 불가능하다.[10] 이집트의 경우 1950년대 초부터 딥스테이트가 사회 전반에 눈에 보이지 않는 네트워크를 형성해 왔고, 군부를 비롯하여 경제계, 정치계, 신문 방송을 비롯한 미디어와 정부관료조직에 실질적인 영향력을 행사하고 있으며, 이 네트워크 안에 있는 자들의 기득권을 상호 보호해 주는 역할을 한다고 한다.[11] 무슬림형제단의 무르시 정권이 물러나는

---

8   김개형, "이집트 무슬림형제단의 실각과 그 후."

9   인남식, "2013 이집트 정변의 함의와 전망." 후일 무르시 정권의 독단적이고 배타적 정책 수행은 친이슬람 정당인 누르당조차 돌아서게 만드는 결과를 초래했고, 심지어 무슬림형제단 내부적으로도 반무르시 세력이 생겨나게 되었다. 김개형은 무슬림형제단 내부적 분열도 무르시 정권의 실각에 역할을 했다고 본다. 즉 형제단 내부에서 이슬람 성향이 강한 보수적 세력이 장악하게 되면서, 외부적 단체나 사회 기관들과 정상적 의사소통을 할 수 없는 극단적 단계까지 가게 되었고, 그것은 민심을 급격하게 돌아서게 만드는 원인을 제공했다고 설명한다.

10 딥스테이트(터키어로는 Derin Devlet)에 대한 설명을 위해 아래의 자료를 참조하라: https://en.wikipedia.org/wiki/Deep_state. 2015년 11월 11일 (접속).

11 이집트의 딥스테이트에는 군부가 깊이 연관되어 있다는 주장들이 회자된다. Bessma Momani, "In Egypt, 'Deep State' vs. 'Brotherhoodization'," *Brookings Institute*, Aug 21, 2013;

과정에서도 딥스테이트가 중요한 기여를 했다는 주장도 있다.[12] 이집트 내 딥스테이트의 정치적, 종교적, 사상적 성향이 무엇인지 정확히 알 수는 없지만 분명한 것은 무르시 정권이 샤리아에 근거한 개헌을 시도할 때 정면으로 반발한 것으로 보아 근본주의적 이슬람에 기초한 국가가 되는 것은 꺼려하는 성향인 것만은 분명하다.

향후 이집트 사회가 발전하는 과정에서도 이 딥스테이트의 존재와 역할은 중요할 것이며, 어떤 정권이 창출된다 하더라도 딥스테이트와의 우호적 관계를 수립하지 않는 이상 진정한 정치적 지도력을 이뤄가는 것은 어려울 것이다. 또한 종교적으로 이집트가 근본주의적 이슬람주의로 치우치는 것을 막아내는 수호자 역할을 감당하게 될 가능성이 있어 보인다.[13] 현직 알씨씨 대통령 역시 이슬람이라는 종교를 이용하여 정치를 하거나 종교를 정치적 목적에 사용해서는 안 된다고 하는 논리를 강력하게 펼치며 종교가 정치로부터 분리되어야 함을 강조한다.[14] 이런 측면에서 딥스테이트는 사회적 안정을 유지하고 극단적 이슬람주의로부터 국가를 보호하는 순기능을 한다고 할 수 있다. 하지만 만일 딥스테이트가 지속적으로 폐쇄적 집단 이기주의에

---

http://www.brookings.edu/research/opinions/2013/08/21-egypt-brotherhood-momani. 2015년 11월 25일 (접속); Mohammed Nossier, "The Ugly Truth: Egypt's Deep State," *Egypt Daily News*, Nov 16, 2013; http://www.brookings.edu/research/opinions/2013/08/21-egypt-brotherhood-momani. 2015년 11월 17일 (접속).

12 이집트 군부가 딥스테이트라고 하는 주장을 뒷받침해 주는 가장 두드러진 증거로는, 전 대통령 무바라크은 무죄로 풀려나는 반면, 무르시 대통령은 사형선고를 받는 정반대의 결과를 들 수 있다고 Ahmed Aboulenein은 주장한다: "Egypt's 'Deep State' Proves Victorious," *Global Post*, Dec 12, 2014; http://www.globalpost.com/dispatches/globalpost-blogs/groundtruth/egypt-deep-state-victorious. 2015년 11월 13일 (접속). 무르시 정권이 물러나게 하는데 큰 영향을 준 청년 조직 타마로드(Tamarod: 반발이란 의미)는 8주동안 2,200만명의 서명을 모았다고 주장했고, 6월 30일 시민봉기가 일어나도록 촉매제 역할을 했다. 하지만 이것을 증명할 수 있는 자료가 없음에도 불구하고 미디어에서는 이 사실을 사용하여 여론을 형성했다고 하는데, 이 역시 딥스테이트의 영향력의 증거라 볼 수 있다. Charles Levinson and Matt Bradley, "In Egypt, the 'Deep State' Rises Again," *The Wall Street Journal*, Jul 19, 2013; http://www.wsj.com/articles/SB10001424127887324425204578601700051224658. 2015년 11월 25일 (접속).

13 두 가지 용어를 구분해야 한다. 일반적으로 사용하는 용어인 "이슬람 국가(Islamic country)"가 이집트처럼 국민의 다수가 무슬림들인 나라를 일컫는 말이라면, "이슬람주의 국가"는 국가의 통치 자체를 이슬람의 종교법인 샤리아에 의해 이루는 나라를 지칭하는 말이다. 본고에서는 IS(Islamic State)를 "IS무장조직"이라고 불러서 일반적인 이슬람 국가와 구분한다.

14 2013년 12월 임시정부 통치기간 중 수정된 개헌 헌법은 종교에 기초한 정당의 설립을 불법화하여 원천적으로 봉쇄하고 있다. 즉 종교와 정치를 철저하게 분리해야 함을 말한다.

빠져 전국민들의 요구를 충족시키지 못하고 정치적 민주화와 지속 가능한 균형 있는 경제적 발전 및 사회 정의를 구체적으로 이뤄가지 못한다면 다시금 시민혁명이라고 하는 국민들의 심판을 피하기 힘들 수 있다.

셋째, 이집트 국민들의 다수가 샤리아에 근거한 헌법을 원하지 않으며 종교법에 기초한 극단적 이슬람주의 국가가 되는 것을 원하지 않는다는 것이다. 즉 더 많은 다수의 국민들은 다양한 종교를 가진 국민들이 함께 어울러 사는 민주적 정치질서에 기초한 현대화된 민족국가(Modern Nation State)의 비전을 갖고 있음을 보여준다. 사우디아라비아나 이란과 같은 "이슬람주의 국가"가 되기를 거부하는 이념이 이집트인들 가운데 - 적어도 지식인들과 다수의 중산층들 안에 - 내재해 있음이 확인되었다. 이 측면은 특별히 무르시 정권이 샤리아에 기초한 헌법을 만들려 할 때 시민들이 반발하고, 오히려 무르시 정권의 퇴진을 요구한 것을 통해서 분명하게 드러났다.

넷째, 민주주의 실현을 위한 사회적 정치적 기초가 허약하고 앞으로도 가야 할 길이 멀어 보인다. 이 사실이 놀랍지 않은 역사적 이유는, 이집트가 1950년대 이후 계속 군부 독재 정권 아래에 있었기에 건강한 의미에서의 정당정치를 발전시킬 만한 여유가 없었기 때문이다. 즉 건강한 시민사회와 이익집단 등이 활발하게 정치적 소리를 낼 수 있는 사회적 바탕이 제공되지 못했다.[15] 이런 약점을 극복하기 위해서는 교육과, 경제적 성장을 통한 건강한 시민의식을 가진 두터운 중산층의 형성이 급선무이다. 현재 절대 빈곤층(하루 일인당 미화 2불 이하로 살아가는 인구)이 국민 전체 인구의 20% 가량 되는 현실이 건강한 시민사회와 성숙한 민주주의 사회로 가는 길을 쉽지만은 않게 보게 되는 이유이다.[16]

어떤 사회든지 교육수준이 낮고 문맹 인구가 많을 수록 인기정치(popu-

---

15 시민혁명 이후 의회선거와 대통령 선거까지 시간이 매우 짧았기 때문에 무슬림형제단과 누르정당 이외 자유주의 정당과 사회주의 정당들은 조직적, 인력적, 재정적 준비가 충분하지 않았고, 결국 이슬람 정당들이 의석의 75%를 차지하고 무르시 대통령이 당선되었다. 그만큼 다른 정당들의 준비와 조직화가 부족했다는 것이다.

16 Doaa S. Abdou and Zeinab Zaazou, "The Egyptian Revolution and Post Socio-Economic Impact," Topics in Middle Eastern and African Economies, 15 (2013): 103-104.

lism)의 희생양이 될 가능성이 높고, 극빈층의 인구가 많을수록 극단적 이슬 람주의나 테러리즘의 조직에 유혹 받을 가능성이 높다. 이집트의 시민사회 가 건강하게 발전하고 정당정치가 성숙해지는 것은 향후 이집트의 사회 안 정, 경제 발전 및 민주화를 위해 절대적으로 필요한 요소이다.

3. 군부세력인 현 알씨씨 대통령의 집권기

무르시 정권이 물러난 이후 국민들의 기대는 신속한 사회적 안정과 정치 질서의 정상화였다. 왜냐하면 무르시 정권 말기가 되면서 국민들의 시위는 확산되었고, 무슬림형제단 중심의 친정부 세력과 반정부 세력 사이의 무력 충돌도 극심해지면서 사회적 혼란이 가중되었기 때문이었다. 이 난국을 타 개하고 안정을 회복할 수 있는 조직은 다름 아니라 시민혁명을 통해 시민들 이 물러나게 만들었던 군부세력이었다.

2014년 봄에 행해진 퓨리서치센터의 보고에 의하면 54%의 국민들이 무 르시 정권이 물러나는 것에 동의하였고, 동일한 비율의 국민들이 알씨씨 대 통령의 선출에 대해 동의하였다. 응답자의 59%가 민주주의 체제를 유지하 는 것이 매우 중요한 사회적 가치라고 평가하면서 샤리아에 의한 국가통치 체제를 반대하고 있음을 보여주었다.[17] 하지만 무슬림형제단을 호의적으로 보는 국민들의 비율이 2013년(63%)보다는 줄어들었지만 2014년에도 여전 히 무시할 수 없을 정도(38%)임을 알 수 있다. 퓨리서치센터의 다른 보고서 는 두 차례의 시민혁명을 거치면서 이집트 국민들의 민주화에 대한 기대치 가 많이 떨어지고 있음을 보여주었는데, 그것은 2014년 대통령 선거에서 투 표율이 40% 이하로 저조하게 나타난 것에서도 확인된다.[18] 국민들의 민주화

---

17 Pew Research Center, "One Year After Morsi's Ouster, Divides Persist on El-Sisi, Muslim Brotherhood: Frustration Mounts as Confidence in Democracy Wanes," May 22, 2014; http://www.pewglobal.org/2014/05/22/one-year-after-morsis-ouster-divides-persist-on-el-sisi-muslim-brotherhood/?utm_expid=53098246-2.Lly4CFSVQG2lphsg-KopIg.0&utm_referrer = http%3A%2F%2Fwww.pewresearch.org%2Fsearch%2Fegypt%2F. 2015년 12월 1일 (접속).

18 David D. Kirkpatrick, "Turnout Rises in Egypt, but the Vote Raises Doubts," *New York Times*, May

열망이 수년 사이에 실망감으로 변했고, 다른 대안이 없다는 사고 속에 현 정부의 출범을 맞이하면서 국민들은 더 나은 미래에 대한 일말의 기대를 걸고 있다.

현 정부 출범 직후 무슬림형제단 지지자들의 시위와 공공기관과 경찰에 대한 테러가 한동안 지속되었으나, 이를 근절하기 위한 정부의 강한 의지로 인해 소요들과 테러는 줄어들었고 보다 안정된 사회가 된 것은 사실이다. 이와 더불어, 정부는 국민들이 기대하는 경제적 안정과 발전, 사회 정의를 구현하고자 하는 의지를 내세우며 노력하고 있다. 하지만 잠재된 테러집단들의 활동들은 여전히 이집트 사회 내에 내재되어 있는 위험이다. 특히 시나이 반도에는 반정부 무장세력이 강한 진을 이루고 테러를 자행하고 있으며, 이들은 2014년 11월 IS 무장조직에 충성한다는 발표를 함으로써 더 긴장을 조장해 왔다. 최근에 시나이 반도의 휴양지 샤름 알세이크에서 출발한 러시아 항공기가 이륙한 지 몇 분 후 공중에서 폭발했는데, IS 무장조직이 자신들과 연관된 시나이반도의 테러조직에 의한 소행이라 주장한 것을 보면 여전히 테러의 근절은 묘연한 상황이라 하겠다.[19]

현 정부가 중점을 두고 노력하는 사회적 안정과 더불어 경제적 성장은 매우 중요한 당면 과제이다. 경제적 이유는 시민혁명과 무르시 정권 퇴진에서 보이는 공통적 원인들 가운데 큰 비중을 차지하고 있다. 수에즈 운하의 확장 및 다양한 경제안정화, 과감한 투자정책을 통해서 현 정부는 경제를 살리기 위해 노력하고 있으나, 이집트 경제구조의 취약성과 사회적 불안정으로

28, 2014; http://www.nytimes.com/2014/05/29/world/middleeast/egyptian-presidential-election.html?hp&_r=0. 2015년 12월 1일 (접속). 투표율이 40% 가량으로 공식 발표되었지만, 첫 이틀 동안의 낮은 투표율로 인해 당황한 정부는 투표일을 하루 더 연장하는 등 투표율을 올리기 위하여 안간힘을 썼다. 투표자들의 90%를 얻은 알시시 대통령이 당선되었다.

19 러시아 항공기가 공중 폭파한 사건 이후 러시아 정부는 당시 이집트 홍해 지역에 와 있던 자국민 관광객들을 본국으로 후송조치 하였는데, 당시 72,000명을 일단계로 수송하였고, 당시 남은 자들의 수자도 80,000명에 이른다고 보고되었다. 즉 러시아 관광객들을 통한 이집트의 경제적 수입은 큰 타격을 입게 된 셈이다. "Over 72,000 Russian Tourists Flown out of Egypt Following Sinai Crash: Russian Tourism Agency," Ahramonline Nov 17, 2015; http://english.ahram.org.eg/NewsContent/3/12/168887/Business/Economy/Over-,-Russian-tourists-flown-out-of-Egypt-followi.aspx. 2015년 11월 18일 (접속).

인한 해외 투자자들의 소극성, 세계 경제의 침체 등 국내외 요인들로 인하여 단기간에 빠른 경제회복과 성장을 기대하기는 어렵다. 하지만 현재의 추세 자체는 안정과 성장 쪽으로 향하고 있어 보인다.

사회적 경제적 안정화와 더불어 중요한 변화는 정치적 민주화인데, 현 정부의 민주화를 향한 노력 역시 여러가지 난관을 겪고 있다. 2015년 10월부터 12월에 걸쳐 이뤄진 의회 선거에서 투표율이 28.3%로 매우 저조하였고, 이전 의회선거에서 최다수당이던 무슬림형제단은 아예 참여조차 하지 않아 민주적 정치에 대한 국민들의 의심이 커져 있다. 이번 의회 선거 결과로 가장 많은 의석을 얻은 세 정당은 모두 자유주의 혹은 세속주의(Secularist: 정치와 종교를 분리하고 근대화를 중요한 가치로 생각하는 것) 정당이다.[20] 반면, 무바라크 정권 당시 활동하던 정치가들의 상당수가 새로이 구성된 의회에 들어가게 되었는데, 이것은 과거 시대의 인물들이 다시금 시민혁명 이전의 패러다임으로 정치를 할 수 있다는 점에서 우려의 요인이 될 수 있다.[21] 현 정부가 해야 할 가장 바람직한 역할 중 한가지는 정치적 민주화를 이룰 수 있도록 사회적 기반을 조성하여 장기적으로 민간정부로 권력을 전환할 수 있도록 준비하는 일이다.

퓨리서치센터의 보고에 의하면 시민혁명이 있었던 2011년에 국민들의 54%는 정치적 불안정에도 불구하고 민주화를 선호한다고 답했었는데, 2014년에는 오히려 54%의 국민들이 민주화를 제한받는 한이 있어도 정치적 안정이 중요하다고 답했다.[22] 무슬림형제단 정권시기를 거치면서 국민들이 피부로 느끼게 된 사회적 정치적 불안정의 여파가 컸고, 국민들의 다수는

---

20 이슬람국가를 분석할 때 사용되는 "세속주의"는 영어에서 말하는 secularism혹은 "세속화"와는 다른 것이다. 영어로 Secularism(세속주의)로 번역되는 이 용어는 이슬람국가에 대해서 사용될 때는 이슬람 종교와 정치를 분리하여 이슬람 종교에 근거한 정치를 해서는 안된다고 하는 정치사상이다. 대표적으로 터키 공화국의 아타투르크는 이슬람의 종교와 정치를 분리하여야 서구화되고 근대화될 수 있다는 사상을 가지고 laiklik이란 터키용어를 도입하여 터키 공화국 건립의 기초를 놓았다.

21 "Diehard Mubarak-era Figures Gain Grounds in 2nd Stage of Egypt's Parliamentary Polls," *Ahram online*, Nov 28, 2015; http://english.ahram.org.eg/NewsContent/1/0/172001/ Egypt/0/Diehard-Mubarakera-figures-gain-ground-in-nd-stage.aspx. 2015년 12월 1일 (접속).

22 Pew Research Center, "One Year After Morsi's Ouster."

정치사회적 안정을 위해 민주주의가 비록 제한을 받더라도 감수하겠다는 의지를 보인 것으로 해석된다. 어떤 이들은 이집트가 시리아나 예멘과 같은 혼란에 빠질 것을 우려하며 유사한 상황에 빠지지 않으려면 강력한 정부가 필요하다는 논리를 펴기도 한다.[23]

하지만 분명한 것은 지금 당장은 국민들이 참고 견디지만 비민주적 통치가 장기화되고 경제적 안정과 사회적 정의가 개선된다는 느낌이 없을 때, 이들은 다시금 자신들의 목소리를 내면서 일어날 수 있다. 한번 시민혁명을 경험하였고, 그 후 자신들이 최초로 민주적 선거를 통해 뽑은 대통령을 몰아낸 경험이 있기 때문에 앞으로 이집트 시민들이 이전과 같이 억눌린 상태로 있지는 않을 것으로 보인다. 그렇기에 현 정부는 시민혁명의 기치였던 경제적 성장과 사회 정의를 이루기 위하여 최선을 다하고 있고, 장기적으로 정치적 민주화를 이루기 위해 노력하고 있다.

III. 시민혁명 이후 이집트의 사회적 종교적 상황에 대한 평가

1. 사회에 내재해 있는 분열양상의 표출

다양한 민족적 뿌리를 가진 9천만의 인구는 여러가지 이유로 분열된 사회의 양상을 가지고 있는데 시민혁명 이후 전개과정에서 이러한 다양성 및 분열적 사회구조가 더욱 선명하게 드러났다. 정치사상적으로는 샤리아에 근거한 이슬람국가를 선호하는 이슬람주의자들, 정치와 종교를 분리함으로써 이슬람주의로부터 민주적 질서를 구축하려는 자유주의자들, 그리고 가장 광범위한 영역에서 지도자 층을 형성하고 국가건립 및 존속에 절대적 영향을 미치는 군부세력으로 나뉘어진다. 이집트의 근대역사에서 정치적 전개는

23 Caroline Alexander and Tarek El-Tablawy, "Egypt's Revolution," *Bloomberg QuickTake* Oct 20, 2015; http://www.bloombergview.com/quicktake/egypts-revolution. 2015년 11월 15일 (접속).

이 세 부류의 이합집산에 의해 이루어졌다고 할 수 있는데, 시민혁명 이후 이 세력들 사이에 이해 충돌과 정치적 갈등이 첨예하게 나타났다.[24] 과거 독재정권 아래 눌려 있으면서 사회 전반에 깊숙히 침투해 있던 무슬림형제단을 비롯한 이슬람주의자들의 존재가 이제는 시민혁명을 계기로 정당화하고 사회 전면에 공식적으로 나서게 되었다. 이를 통해 이들의 종교적 성향과 정치적 사상을 국민들이 보다 자세히 들여다 볼 수 있는 계기가 된 것도 사실이다. 군부가 다시금 정권을 잡으면서 이슬람주의자들과 그들의 단체들은 불법화되어 다시금 지하활동을 할 수밖에 없는 상황이 되었지만 그들의 존재는 여전히 중요한 이집트 사회의 실세들 중 하나로 명맥을 이어갈 가능성이 높다.

종교적으로 이집트는 90%의 절대 다수 무슬림들이 있지만 무시할 수 없는 10%의 기독교인들이 존재하는 다원주의적 종교사회임을 잊어서는 안 된다.[25] 더구나 무슬림들 가운데 많은 젊은이들이 무신론자들이 되어가고 있다는 것을 보면, 이슬람이 진정한 해결책을 제시해 주지 못한 것에 대한 회의를 느끼는 인구가 늘어나고 있음을 알 수 있다. 전통적으로 사회주의 성향이 강했던 전 대통령 나세르를 선호하는 지식인들은 아랍 사회주의적 성향을 가지고 이슬람에 대해서도 그다지 호의적이지 않은 태도를 가지고 있다.[26]

경제적으로도 이집트는 절대빈곤층의 비율이 매우 높고 상대적으로 중산층의 비율이 두텁지 않은 편에 속한다. 이 측면은 낮은 도시화율(44.2%)에서도 반영이 되는데, 그만큼 전통적인 방법에 기초한 농업에 종사하는 저소득

24 인남식, "2013 이집트 정변의 함의와 전망," 3-4. 2011년의 시민혁명이 군부를 밀어내기 위하여 이슬람 세력과 자유주의 세력이 공동으로 일어난 것이라면, 2013년 무르시정권을 물러나게 할 때에는 군부와 자유주의 세력이 힘을 합하여 이슬람 세력을 밀어낸 것이라 할 수 있다. 현재 군부가 집권한 이후 과연 자유주의 세력과 이슬람세력이 다시금 연합할 수 있을 것인가는 의문이며, 군부가 얼마나 민주적 절차에 따라 자유주의 세력들을 품고 이집트를 이끌어 가는가가 중요한 과제일 것이다.

25 CIA, "The World Factbook: Egypt"; https://www.cia.gov/library/publications/the-world-factbook/geos/eg.html. 2015년 11월 30일 (접속).

26 함딘 사바히는 사다트 시절 학생운동을 통해 친미노선을 강력히 반대했던 인물로서 2012년 대선 후보로 나와 2위였던 무바라크 정권 출신의 후보에게 간발의 차이로 밀려 결선까지 오르지 못한 인물이다. 그는 과거 나세르주의를 따랐고, 현재 이집트 사회에 사회주의 경제제도 운용을 주장하며 사회주의적 사상을 많이 수용하며 이집트의 발전안을 제시하기도 하였다. "Hamdeen Sabahi"; https://en.wikipedia.org/wiki/Hamdeen_Sabahi. 2015년 12월 1일 (접속).

층의 농촌인구가 많음을 의미한다. 또한 15-24세 사이의 젊은이들의 인구
가 2014년 현재 17.8%에 이르며, 2015년 예측치로는 15-29세 사이의 젊은
이들이 전체 인구의 30%에 육박한다.[27] 지속적인 도시화와 더불어 젊은이들
가운데 높은 실업율이 지속될 경우 아랍혁명에서 보았던 것과 같이 사회적
불안이 또 다른 형태의 사회개혁을 요구하는 시민혁명의 형태로 나타날 수
있는 잠재성이 있다.

이러한 여러 측면에서 본다면 이집트는 사무엘 헌팅톤이 문명충돌론(The
Clash of Civilizations)에서 제시한 분열국(a torn country)의 양상을 보인다고 할
수 있다. 헌팅톤의 분석틀에서 분열국의 특징은 국가 내부적으로 상당한 정
도의 문화적 동질성을 가지고 있으면서도, 사회가 어느 문명권에 속해야 하
는지에 대해서는 나뉘어져 있는 것이다. 예를 들면, 지도층이나 사회 기득
권자들은 다른 문명권에 들어가기를 원하는 반면, 그들의 역사와 문화, 전통
이 그러한 변화를 쉽사리 허락하지 않기 때문에 분열된 양상을 보이는 것이
다.[28] 물론 이집트의 경우 문명충돌론의 분석에 정확히 맞아 떨어지지는 않
는다. 그 이유는 이집트의 지도자들이 추구하는 문명권이 "서구 문명권"이라
할 수는 없기 때문이다.[29] 그럼에도 불구하고 헌팅톤이 사용한 "분열국"이라
는 명칭은 현재 이집트 사회를 묘사하는 적절한 용어임에는 분명하다.

정치사상적, 종교적, 경제적 측면에서 사회적 분열이 심하게 드러나고, 특
히 사회 지도층 혹은 기득권을 가진 정치 지도자 세력이 추구하는 방향과 국
민들 다수가 살아가고 기대하는 것 사이에 큰 차이가 존재하고 있다. 정치
지도층이 국민의 절대 다수를 설득하여 합일된 국가적 비전을 제시하고 함

---

27 United Nations, "The Demographic Profile of Egypt," *World Population Policies*; http://www.es-
    cwa.un.org/popin/members/egypt.pdf. 2015년 12월 1일 (접속).

28 Samuel Huntington, "The Class of Civilization?," Foreign Affairs, 72:3 (1993): 42.

29 Huntington, "The Class of Civilization?." 헌팅톤이 분열국으로 제시한 대표적인 나라는 터키와 러
    시아이다. 터키의 경우 국가 지도자들이 유럽연합에 가입하기 위하여 건국 이래 노력해왔고, 친서
    구 정책을 일관적으로 펼쳐온 것이 서구문명권에 편입되고자 하는 의지를 보인 것이라면, 다른 한
    편으로 국민들의 대다수는 여전히 전통적 이슬람문명권에 속한 사회란 것이다. 이집트의 경우 공
    식적으로 서구문명권으로의 편입을 주장하지는 않으나 역사적으로 미국과의 군사적 원조관계를
    유지하는 등 친서구적 정책을 펼쳐 온 것 또한 사실이다.

께 한 방향으로 갈 수 있도록 하는 것이 매우 중요한 과제이다.

2. 이슬람 세계의 정체성 혼란의 표출

현재 전 이슬람 세계는 극심한 정체성 혼란에 빠져 있다. "이슬람이 과연 무엇인가? 현대화된 사회 구조 속에서 이슬람은 어떻게 공존해야 하는가? 이슬람과 민주주의는 과연 공존할 수 있는가?" 등, 매우 근본적 질문들에 대한 대답을 찾기 위해 이슬람 전체 공동체가 홍역을 치루고 있다고 해도 과언이 아니다. IS 무장조직의 출현이 이 정체성의 혼란을 가속화하였고, 이집트 역시 시민혁명 이후 정치적 변화를 경험하는 과정에서 이 정체성에 대한 혼란을 경험하고 있다. 무슬림들 가운데에는 이슬람 종교적 바탕에 세워진 이슬람국가를 선호하는 이슬람주의자들 혹은 근본주의자들이 있는가 하면, 더 많은 무슬림들이 민주적 국가질서를 우선으로 하며 이슬람종교법에 의한 국가건설을 반대하고 있다. 이 두 그룹 사이에는 이슬람의 정체성에 대한 양립할 수 없는 차이가 존재한다. 이집트는 내부적으로 정치적 격변과 더불어 이슬람의 정체성 논쟁을 하고 있다.

이슬람 신학적으로 보자면, IS 무장조직을 염두에 두고 모였던 2015년 세계 이슬람 회의에서 지도자들은 테러를 비롯한 과격한 무슬림들의 행동들을 비난하면서 올바른 이슬람 교육이 이루어져야 함과 무슬림들의 종교적 스피치에 개선이 필요함을 강조했다.[30] 이집트 이슬람 신학뿐 아니라 전세계 이슬람 신학의 교두보라 할 수 있는 알아즈하르대학교의 수장 아흐마드 알 따입은 테러주의가 아랍 세계에 암적 세력으로 존재하고 있음을 주장하며, 잘못된 이슬람주의 즉 무슬림형제단과 IS 무장조직이 이집트 젊은이들을 무신론자들로 만드는 원인이 된다고 말했다.[31] 이들은 현대 국가에서 이슬람이 정치적으로 이용되는 것을 반대하며, 종교적 기능만을 감당해야 함을 강

---

30 공일주, 『이슬람과 IS』 (서울: 기독교문서선교회, 2015), 18-19.
31 공일주, 『이슬람과 IS』, 20, 42-43.

조하는 듯하다. 알씨씨 대통령 역시 이러한 견해를 가진 무슬림이며, 종교적 지도자들이 잘못된 급진적 이슬람을 가르치고 설교하는 것을 막아야 한다고 주장한다. 즉, 무슬림 지도자들이 그들의 가르침과 설교에서 종교적 수사학(Religious rhetoric)을 개선하여 이슬람 극단주의를 억제해야 하며 이것이 이시대가 필요로 하는 진정한 종교 개혁임을 강조한다.[32]

하지만 무슬림 지도자들은 그들의 신학관과 정치사상에 있어서 매우 첨예하게 대립하고 있다. 현재 이집트에는 무슬림형제단이 지닌 급진적 이슬람이해와 정치사상과 별도로 사우디아라비아의 경제적 사상적 지원을 받는 급진적 이슬람주의자들인 살라피들(Salafists)[33]이 존재한다. 또한 이슬람 사상과 정치적으로 위의 두 그룹과 구별되는 수피 무슬림들이 수피즘(Sufism)을 따르며 이집트 사회 내에서 그 존재감을 유지하고 있다.[34] 역사적으로 이슬람 신학과 사상에서 가장 큰 영향력을 행사해 온 아즈하르대학 학자들의 다수는 현 정부의 요구에 맞추어 가는 듯하지만 모든 교수들이 그러한 온건주의적 노선에 동의하고 있지는 않음을 알 수 있다.[35]

이러한 이슬람 세계의 내부적 사상과 교리적 혼란은 앞으로도 정치적 혼란의 잠재적 요인으로 작용할 가능성이 크다. 이슬람 세계의 내부적 분열과 다양한 사상적 흐름을 통일하고 이슬람의 통일된 정체성을 수립하기란 어쩌면 불가능에 가깝다. 즉, 이슬람 경전들과 교리 속에 존재하는 "급진성을 조장하는 요인들"은 지속적으로 급진적 사상 및 행동그룹들을 유발해 갈 것이지만, 보다 많은 다수의 무슬림들은 보다 온건한 종교성을 가지고 발전된

---

32 Rami Galal, "Egypt Pulse," *Al-Monitor: The Pulse of the Middle East*, May 26, 2015; http://www.al-monitor.com/pulse/originals/2015/05/egypt-salafist-sufi-religion-extremism-azhar-quran-sheikh.html. 2015년 12월 1일 (접속).

33 살라피즘(Salafism)의 역사와 사상적 흐름에 대해서는 공일주, 『이슬람과 IS』, 119-137를 참조하라. 이집트의 살라피즘은 사우디아라비아의 국가사상인 근본주의 이슬람 운동의 와하비즘이 이집트에 상륙하여 활동을 하던 것으로, 이번 시민혁명 이후 정치세력화하여 누르당을 만들어 합법적 정당으로 활동하게 되었다.

34 수피즘에 대해서는 공일주, 『수피즘과 수쿠크』 (서울: 기독교문서선교회, 2012) 및 "수피즘과 수피 종말론," 『아랍과 이슬람세계』, 2 (2015): 13-50를 참조하라.

35 공일주, 『이슬람과 IS』, 138.

민주사회의 기초 위에 살기를 선호할 것이다. 또한 이런 이슬람 정체성의 혼란이 가져다 줄 중요한 변화들 중 한 가지는 이슬람에 대한 회의론자들이 늘어날 것이며 새로운 대안 혹은 진리를 찾고자 갈급해 하는 사람들이 사회적으로 증가할 것이란 점이다.

3. 경제적 안정과 사회적 정의에 대한 긴박한 필요

2011년 이집트 시민혁명의 요구는 "빵, 존엄, 사회정의"란 구호에서도 드러나듯이 경제적 안정과 사회 정의였다. 현 정부는 경제적 안정을 이루기 위하여 전력을 다하고 있고, 테러 근절을 통한 사회안정과 더불어 관광수익의 증가 및 외국 투자 증진을 기대하고 있다. 이미 언급한 바와 같이 사회안정을 위해서라면 다소 비민주적 정치체제를 감수하면서라도 현 정부를 뒷받침하는 국민들이 다수 있다는 점은 현 정부에게 중요한 기회이다. 하지만 국민들의 기대가 장기적으로 충족되지 않고 경제 및 사회 정의가 개선되지 못할 경우 국민들이 어떻게 반응할 것인가는 아무도 모른다.

이 과도기를 거치는 이집트가 현재 당면한 두 가지 도전은 경제상황의 신속한 호전과, 의료 및 교육제도와 같은 사회보장제도(social services)의 개선이다. 빈부격차가 심하고 극빈층의 비율이 큰 것은 문제이지만, 국가 경제가 단기간에 호전되기를 기대하는 것은 특별히 우호적인 외부적 여건이 만들어지지 않는 한 어려운 실정이다. 특히 테러의 위협으로 인해 국제적 시각이 불안한 것과 러시아 항공기의 추락 등 일련의 사건들로 인해 회복세를 타고 있던 이집트 경제회복이 큰 타격을 입은 것이 사실이다. 이집트 거시경제의 구조적 약점들이 개선되는 동안 국민들이 인내로 기다리고 함께 경제적 성장을 이룰 수 있도록 노력해야 하지만, 언제까지 마냥 기다릴 수는 없을 것인 바, 현 정부의 지혜로운 대처가 매우 중요할 것이다.

또 다른 한 가지 우려는 무슬림형제단을 불법화한 결과 생겨난 의료 및 교육에서 발생하는 사회보장제도의 공백과 이로 인해 발생하는 저소득 계층

국민들의 불만증가이다.[36] 무슬림형제단은 의료 및 교육 사업에 중점을 두고 전국적 네트워크를 통해 이집트 사회의 필요, 특별히 저소득층의 절박한 필요를 채워주는 중요한 역할을 감당했다.[37] 무슬림형제단이 불법화되면서 정부는 이와 연관된 모든 비영리 사회봉사 조직들을 정부로 흡수하거나 폐쇄하는 정책을 펴고 있다. 그 이유는 무슬림형제단이 비영리 법인체들을 통하여 경제적 사회적 빈곤층에 물질적 도움을 주면서 급진적 종교적 정치세력을 확장해 왔다고 생각하기 때문이다. 그런데 문제는 현재 국가에 의해 제공되는 의료 및 교육도 부족한 현실에서, 기존에 있던 비영리단체들의 활동을 제거하는 것은 저소득층 국민들에게 직접적인 피해를 줄 수 있다는 점이다. 부루킹스연구소의 스티븐 부루크는 이런 정부의 접근이 기존에 정부의 사회보장제도를 보완하던 무슬림형제단 세력을 이제부터는 정부의 조직을 대체하는 지하조직으로 만들 가능성이 크고, 사회보장제도의 혜택을 받지 못하는 저소득층 국민들의 불만을 자극하여 결국 장기적으로는 폭력적 저항을 유발하는 결과를 초래할 수 있음을 우려한다.[38]

경제성장의 지체, 높은 실업율의 지속, 사회보장제도의 비효율적 공급 등 국민들이 피부로 느끼는 영역에서 삶이 개선되지 않는 시간이 길어질수록 국민들이 현 정부에 대해 가지고 있는 인내가 한계에 달하게 될 것이다. 사회정의는 안정된 경제성장과 국가발전을 위해 필수적 요건이라고 봐야 한다. 이미 불법화되었다고는 하지만 오랜 역사를 가지고 이집트 사회에 깊이 뿌리내리고 있는 무슬림형제단은 언제든지 정치세력화할 수 있는 네트워크를 가진 조직이므로, 사회적 경제적 정의와 안정이 이뤄지지 않을 경우 저

36 현재 이집트에는 45,000개 이상의 비영리단체들이 등록되어 있고, 연간 기부금의 총액은 6,200만 불에 이른다. 이 총액은 국민들이 회교사원에 내는 비공식적 헌금들이 포함되지 않는 액수이다. http://madad.com.eg/en/. 2015년 11월 15일 (접속).

37 2014년 12월 24일에 발표된 초기 조사 결과에서 당시 전국의 무슬림형제단에 연루된 사회비영리단체들 1,142개를 신문에 공개하였다. 이후에도 정부는 지속적으로 형제단에 연루된 단체들을 물색해 내었고, 폐쇄 혹은 그들의 재산을 정부에 귀속해 오고 있다. Steven Brooke, "The Muslim Brotherhood's Social Outreach after the Egyptian Coup," *Brooking Political Islam Series*, Aug 2015; http://www.brookings.edu/~/media/Research/Files/Reports/2015/07/rethinking-political-islam/Egypt_Brooke-FINALE.pdf?la=en. 2015년 11월 15일 (접속).

38 Brooke, "The Muslim Brotherhood's Social Outreach after the Egyptian Coup."

항적 세력으로 떠오를 수 있다. 현 정부가 향후 이루어 가야 할 경제 안정 및 성장과 사회정의 실현이 더욱 중요한 이유가 여기에 있다.

Ⅳ. 시민혁명 이후 이집트에서의 기독교 선교

시민혁명 이후 짧은 시간 급작스러운 정치적 변화들이 생기면서 사회적 변화들도 함께 일어나고 있다. 드러나는 변화들도 있지만, 눈에 보이지 않는 의미 있는 변화들도 일어나고 있다. 이런 변화들이 가져다 주는 새로운 선교 환경의 요소들을 살펴보고, 향후 이집트 선교의 방향과 선교적 준비들을 제시해 보고자 한다.[39]

1. 열린 기회들

이집트 국민들은 오랫동안 눌려왔던 군부 독재정권을 물러나게 하며 긍정적 변화를 위한 기지개를 폈으나 얼마가지 않아 다시금 군사정권의 현실 아래 서게 되었다. 결과는 유사한 듯 보이지만 그 과정에서 많은 변화들이 있었던 것만은 사실이다. 가장 중요한 변화는 국민들이 기존 이슬람 사회에서 당연하다고 여기던 전통적 가치들을 뒤집고 변화를 줄 수 있다고 하는 자신감을 갖게 된 것이다. 군사정권에 대항할 엄두조차 내지 못하던 국민들이 시민혁명이라는 힘을 경험하면서 변화에 대한 용기를 가질 수 있게 된 것이다.

이것은 이슬람이란 종교에서 참된 평안과 인생의 해결책을 찾지 못하는 많은 사람들에게 새로운 길을 모색하는 시도를 할 수 있도록 해주었다. 예를 들면, 감히 자신이 무신론자임을 선포하며 이슬람의 문제점들을 드러내

---

39 특별히 이집트 내에서는 콥틱 정교회 기독교인들도 선교의 대상이라 할 수 있지만 본고에서는 무슬림들을 염두에 둔 선교를 다루기로 한다.

는 사람들이 늘어나는 현상이다.[40] 이와 더불어 참된 진리를 찾고자 하는 영혼들은 기독교를 알고자 여러 가지로 접근해 온다는 소식을 접한다. 보안의 이유로 구체적 통계를 들 수 없지만, 현지인 지도자들과의 대화를 통해 얻은 정보에 의하면 무슬림들 가운데 기독교의 진리를 알고자 여러 가지 경로를 통해 찾는 구도자들이 많이 늘어났다고 한다. 분명 무슬림들이 복음에 관심을 가지고 찾아오고 있으며, 복음을 듣고 주님께 돌아오는 영혼들의 숫자도 증가하고 있다.

앞에서 시민혁명이 일어나는 과정에서 인터넷을 통한 소셜 미디어의 역할이 중요했음을 언급했다. 실제로 인터넷의 보급과 더불어 이집트 국민들은 수많은 정보를 입수할 수 있고, 좀 더 개방적 사고와 새로운 변화에 대한 열린 가능성에 직면해 있다. 이것은 선교적으로도 매우 중요한 의미를 가진다. 인터넷을 비롯한 소셜미디어는 복음을 전할 수 있는 효과적인 통로가 될 수 있다. 이미 아랍 전역에 있는 위성방송사역을 통해 수많은 무슬림들이 복음을 듣고 반응한 보고를 듣지만, 소셜 미디어를 통한 복음전파의 가능성은 또 다른 복음사역의 기회를 제공해 준다.[41] 복음의 씨앗을 넓게 많이 뿌려야 하고, 나아가 실제 복음에 관심을 보이거나 성경을 배우기 원하는 사람들을 적극적으로 사후 접촉(follow-up)함으로써 복음의 결실이 맺힐 수 있도록 해야 한다.

2.변화하지 않는 근원적 장애들(Unchangeable Fundamental Obstacles)

새로운 변화들이 복음전파를 위한 기회이기도 하지만, 이집트 안에는 변하지 않는 근간들(unchangeable fundamentals)도 존재함을 이해해야 한다. 이집트 국민들의 절대 다수는 무슬림이며, 오랜 세월 무슬림으로서의 정체성

---

40 공일주, 『이슬람과 IS』, 42-43. 종교지도자들이 TV에서 무신론자들의 증가에 대한 것을 공개토론의 주제로 삼는 프로그램들이 늘어나고 있다는 이야기를 듣기도 한다.
41 카이로의 지하철에서 스마트폰을 통해 꾸란이나 성경을 읽는 사람들을 종종 볼 수 있다.

을 가지고 살아오며 형성해 온 사회적 공동체 체제 안에 있는데, 이 공동체성을 떠나는 것을 매우 어렵게 느껴진다. 이슬람 공동체는 배교에 대해서 매우 가혹하게 대응하며, 이집트는 가족법의 경우 샤리아에 기초한 배교법을 적용한다. 따라서 가족 중 기독교로 돌아선 자, 즉 배교자가 나올 때 나머지 가족들은 가문의 영예를 지키기 위해서 배교한 가족의 구성원을 처단하려 하고, 그것이 법적으로 용납되고 있다. 따라서 설령 복음을 듣고 주님을 믿게 된 자 하더라도 가족들과 친척들의 위협과 협박은 지속적으로 주님을 따르는데 심각한 장애로 작용할 수 있다. 더구나 다수의 무슬림들이 기독교로 회심하고 일종의 공동체를 이루는 것이 공개될 경우, 사람들은 이것을 중요한 사회적 문제로 느끼고 심한 박해를 가하게 될 가능성이 크다.[42] 현재 이집트에서는 개종 자체가 법적으로 금지되어 있고 회심자들이 종교적 자유와 인권의 법적 보장을 받을 수 있도록 하는 제도적 장치가 없다. 이러한 현실에서 볼 때, 수많은 무슬림들이 주님을 믿고 돌아와 공개적으로 회심자들의 교회가 세워지는 것은 현재로서는 어려운 현실임을 이해하고 균형 잡힌 선교환경에 대한 시각을 가져야 한다.

3. 균형 잡힌 선교환경 이해에 기초한 선교방향 및 전략

교회 역사는 어떠한 역행적 환경 속에서도 하나님 나라가 전진해 갔음을 증거해 준다. 이슬람 사회가 가진 선교를 위한 법적 사회적 장애들이있지만, 하나님 나라의 확장을 막아내지는 못한다. 우리가 가진 질문은 어떻게 하나님의 나라가 더 강력하게 이 사회 속에 일어나도록 하느냐 하는 것이다. 그것은 교회들이 복음의 본질과 신약성경적 교회의 본질을 회복하는 것을 통해 가능하다.

---

42 최근 한 지방에서 짧은 시간 상당수의 회심자들이 생겨났고, 그들이 모임들을 형성했다고 한다. 하지만 그 숫자가 상당히 많아지자 경찰이 그 모임들에 와서 사람들을 체포해 가고 위협한 뒤 훈방조치 했다고 한다. 그곳은 특히 이슬람이 강한 지역이었기 때문에 무슬림 과격주의자들이 이런 회심자들을 알게 될 경우 소요를 일으킬 수 있어서 경찰이 먼저 경고를 하고 모임을 와해시켰을 것이라는 현지인의 설명을 들었다.

첫째, 기도와 금식을 통해 주님의 통치가 이 땅 민족들 가운데 나타나기를 지속적으로 간구해야 한다. 하나님이 역사를 주관하시는 분이시라면, 그분의 절대적 통치를 믿고 이 나라와 민족들 가운데 하나님 나라가 오도록 밤낮으로 부르짖고 기도하는 것이 필요하다. 현 상황에서 이집트를 위해 아래와 같은 기도제목들을 제시한다.

- 현 정부와 지도자들을 통해 정치, 경제, 사회적 안정을 이루어 복음전파가 활발하게 이뤄지도록(딤전 2:1-4);

- 복음의 진리를 알고자 하는 많은 사람들이 소셜미디어나 위성을 통해 복음을 듣게 되고, 믿게된 자들이 사후양육을 통해 주님의 제자들로 자라나도록;

- 질 좋은 교육을 통해 국민들의 건강한 시민의식이 함양되고, 정부는 사회적 약자들을 고려하는 공의로운 사회체제를 이루도록;

- 특히 인구의 30%를 차지하는 젊은이들에게 영적인 곤고함 가운데 진리를 찾으려는 굶주림을 부어주셔서 그들이 하나님께 나아오게 되도록.

둘째, 무슬림들을 주님께로 인도할 수 있도록 현지 기독교인들과 교회들을 준비해야 한다. 이집트에는 천만명 정도의 콥틱 정교회 기독교인들과 별도로, 전국에 약 3백만 명 정도의 복음주의 기초 위에 세워진 복음주의 교회 성도들이 있다. 중동 아랍권 지역에서 가장 큰 복음주의 기독교 인구를 가진 나라가 이집트이다. 이 교회들이 선교적 교회의 본질을 회복하고 성도들로 하여금 선교적 삶을 살도록 훈련하기만 한다면 이들을 통해서 복음의 증거가 활발하게 일어날 것이다. 왜냐하면 이들 기독교인들은 사회 곳곳에 깊숙히 들어가서 무슬림들 가운데 살며 삶을 공유하고 있기 때문이다. 이들이 복음의 증인으로 무장되기만 한다면 수많은 무슬림들을 주님께로 인도할 수 있다.

이와 같은 거대한 잠재력을 가진 복음주의 교회들임에도 불구하고 지금까지 많은 복음주의 교회 성도들이 다수의 이슬람 사회에 살면서 몸에 익혀온 전통적인 삶의 방식 그대로 살고 있다. 즉 자신들의 신앙을 지키되, 주위의 무슬림들을 건드리지 않으면서, 다수의 무슬림들 가운데서도 기독교인으로서 종교의 자유를 보장받는 자기 보호 논리에 익숙한 듯 하다. 괜히 무슬림들에게 복음을 전하여 무슬림 공동체의 심기를 건드려 문제를 일으킬 경우 큰 곤란이 올 수 있다는 논리이다. 이것이 오랜 역사 속에서 다수의 무슬림들 가운데 소수의 기독교인들로 살면서 몸에 배이게 된 자연스러운 태도가 아닌가 싶다.

하지만 진정 복음을 이해하는 그리스도인이라면 어찌 입을 다물고 잠잠할 수 있겠는가? 실제로 이집트 그리스도인들 가운데에는 선교적 필요를 인식하고 선교단체를 만들어 사역을 활발하게 하는 이들도 있고, 교회들 안에는 간혹 무슬림들에게 복음을 전하는 사람들도 있다. 이제 이집트 복음주의 교회들 안에 이러한 선교적 이해가 새롭게 일어나고, 목회자들과 성도들이 성경적 진리를 가지고 담대하게 일어나며, 지혜롭게 복음사역을 감당하는 선교의 주체들로 일어나야 하겠다. 이를 위해서 목회자들이 선교적 목회관에 대하여 깊이 무장할 수 있도록 돕고, 성도들이 주님께 돌아오는 무슬림 친구들을 양육하고 제자로 세우는 사역자들이 되도록 제자훈련과 소그룹 사역훈련을 통해 준비되어야 한다.

셋째, 주님께 돌아오는 사람들을 교회로 세우기 위하여 재생산이 가능한 회심자 교회(Reproducible Converts Church)의 대안적 교회 모델이 필요하다. 지금까지 이집트 안에서 무슬림이었다가 주님께 돌아와 신앙생활을 하는 자들이 많이 있다. 이들의 대부분은 기존의 등록된 큰 복음주의 교회들 가운데 스며 들어가서 조용히 신앙생활을 하는 경우들이 많고, 어떤 이들은 교회 주변에서 기성 교회 성도들의 양육을 받으며 신앙생활을 한다. 대부분의 아랍 이슬람 국가들이 유사한 상황에 있는데, 이웃나라인 J국의 사례를 보아도 많은 회심자들이 기성 교회들 안에 들어가는 경우가 대부분이고, 소수의 회

심자 그룹들은 가정에서 비밀리에 모임을 하며 양육을 받는다.[43]

하지만 회심자들이 기성교회로 들어가서 신앙생활을 하는 것은 여러가지 측면에서 다수의 무슬림 회심자들(Muslim-Background Believers: MBBs)을 위한 적절한 교회 모델이 되지 못한다. 회심자들의 숫자가 많아지면 현저하게 눈에 띄게 되고, 현지 정부나 무슬림 공동체들도 분명 문제를 삼을 것이기 때문에 현지교회들이 부담을 느끼게 된다.

선교전략적 측면에서도 기독교 문화 배경으로 형성된 소수민족의 교회 구조로 회심자들을 모으는 것이 최선의 대안은 아니다. 회심자들이 기성 교회들 안으로 들어가면 보호는 받을 수 있을지 모르나, 자신이 가진 사회적 네트워크 속에서 동료 무슬림 친구들과 이웃들에게 복음을 전하는 증인된 삶을 살 기회는 잃어버리게 될 가능성이 크다. 또한 기존 교회들의 설교와 가르침의 관점들이 무슬림 배경을 가진 회심자들에게는 적합하지 않은 것들도 있고, 오히려 문화적 배경 때문에 걸림돌이 될 수도 있다. 따라서 동일한 배경을 가진 회심자들을 공동체로 함께 세워가는 것이 더 효과적이라는 견해가 이슬람권 사역자들 가운데 더 많은 동의를 얻고 있다.[44] 현실적으로 회심자들이 모이는 교회가 법적지위를 얻을 수 있는 가능성은 적기 때문에, 회심자 그룹들을 위한 새로운 교회모델이 필요하다는 의미이다.

기존에 있는 이집트 현지 교회들과는 별도로 무슬림 배경에서 회심한 믿는 자들을 위한 공동체 모델이 절실하게 필요하다. 이러한 회심자들의 공동체들은 전통적 형태의 교회와는 사뭇 다른 모습일 가능성이 크다. 하지만 성

---

43 Paul Stephens, "Discipling and Multiplying Muslim Background Believer Group,"『아랍과 이슬람 세계』 2 (2015): 143-195. 이 연구는 중동 J국에서 회심자 그룹을 인도하는 현지인 사역자 8명과 외국인 사역자 8명을 대상으로 설문 조사한 것을 기초로, 회심자 그룹을 제자화하고 그들이 배가할 수 있는 가장 적합한 교회모델을 찾기 위한 기초작업으로 행해진 귀한 연구결과이다.

44 Stephens, "Discipling and Multiplying Muslim Background Believer Group," 154-57. 이 연구의 결과, 회심자들을 제자화하고 그들이 배가하는데 도움이 되는 요소들과 방해가 되는 요소들을 평가함에서, 회심자 공동체(무슬림 배경에서 회심한 믿는 자들) 들 안에 가능하면 외부인들 - 외국인 사역자 뿐 아니라 심지어 기독교 배경을 가진 현지인들 지도자조차 - 과의 접촉을 최소화하는 것이 회심자 공동체의 성장과 배가에 도움이 된다고 한다. 저자는 "그늘에서 목양하는 자(shadow pastor)"를 강조한다. 즉 사역의 전면에 나타나지 않으면서, 무슬림 그룹의 지도자와 개별적 접촉을 하여 회심자들 모임의 성장과 배가를 돕는다. 이 부분은 무슬림 사역을 하는 현지인 사역자들이나 선교사들이 신중하게 생각해 볼 가치가 있다.

경적 원리에 충실하면서 선교현장의 상황에 적합한 새로운 회심자 교회들을 세워야 한다. 이를 통해 수많은 무슬림들 가운데 복음이 활발하게 증거되고 성장하여 배가하는 현지인 교회들이 세워져갈 것이다. 나아가 장기적으로는 회심자들 가운데 세워질 교회 지도자들을 성경적으로 훈련하는 기관과 훈련원들이 필요할 것이다.[45] 공식화된 교육기관은 아닐지언정 창의적인 모습으로 현지인 교회 지도력을 훈련시켜서 MBB 교회들의 성장 및 배가 운동이 강력하게 일어나도록 해야 할 것이다.

Ⅴ. 맺음말

이집트 시민혁명은 새로운 사회에 대한 전국민들의 열망으로 시작되어 독재정권을 제거하며 단기적 목표를 이루는 듯했다. 하지만 이후에 전개된 정치적 혼란과 소용돌이는 군사정권에게 정치적 지도력을 부여하도록 길을 열어 주었다. 따라서 현재 정치구조의 외형적 모습은 시민혁명 이전의 모습과 크게 달라보이지 않는다. 하지만 이 정치적 격변기를 거치면서 시민들은 자신들의 단합된 의지에서 변화를 이루어갈 수 있는 힘이 나온다는 것을 알게 되었고, 민주적 사회로의 전진을 위해 일종의 자신감을 가지게 되었다는 면에서 시민혁명은 여전히 중요하다.

이 측면이 선교적으로도 중요한데, 그 이유는 이집트인들이 전통적 체제와 가치관 속에서 참된 만족을 느끼지 못하고 새로운 변화가 필요하다는 것을 절감하게 되었다는 점 때문이다. 또한 변화를 두려워하지 않고 기존의 가치들과 체제를 넘어서 갈 수 있는 용기를 갖게 되었다는 점도 있다. 민주화와 더불어 이집트 사회에 일어나는 이러한 꿈틀거림이 선교적으로 긍정적

---

45 현재 아랍세계에는 몇개의 아랍어 신학교들이 존재하지만, 이들 대부분은 법적 제한들 때문에 회심자들을 학생으로 받아들이지 못하고 있다. 무슬림 배경에서 회심한 자들이 가지는 신학적 고민들과 그들이 기존에 가졌던 세계관들을 고려한 성경신학 교육을 제공하는 과정이 절실하게 필요하다.

효과를 낼 것이라고 생각한다. 전통적 가치관을 벗어나 새로운 진리를 접하려는 사람들이 늘어나고 있으며, 성경의 진리를 알기 위해 나오는 사람들의 숫자가 늘어난다는 것이 이를 입증한다. 앞으로 이러한 움직임은 더 늘어날 것이므로 이를 위해 이집트 복음주의 교회들과 선교공동체들은 보다 적극적으로 복음 안에 있는 생명과 소망에 관한 이유들을 증거할 수 있도록 준비해야 하며, 회심자들이 함께 공동체를 이루고 성장하여 배가할 수 있도록 대안을 제시함으로써 이집트 복음화를 감당해야 할 것이다.

● **참고문헌**

공일주, "수피즘과 수피 종말론," 『아랍과 이슬람세계』, 2 (2015): 13-50.

_____. 『수피즘과 수쿠크』. 서울: 기독교문서선교회, 2012.

_____. 『이슬람과 IS』. 서울: 기독교문서선교회, 2015.

김개형. "이집트 무슬림형제단의 실각과 그 후." 삼성언론재단 해외연수 보고 서. http://www.ssmedianet.org/v2/05_essay/04_essay_view.php?pdsPart-pds9&pNo-3184&searchKey-&searchValue-&cpage-1&searchYear-&searchCate-. 2015년 10월 29일 (접속).

송경근, "이집트 무슬림형제단의 성장, 투쟁, 사회적 역할 및 제도권 진입에 관한 연 구," 『한국이슬람학회 논총』, 19:1 (2009): 151-74.

인남식, "2013 이집트 정변의 함의와 전망," 국립외교원 외교안보연구소 주요국제 문제분석 (2013).

"Deep State." https://en.wikipedia.org/wiki/Deep_state. 2015년 11월 11일 (접속).

"Diehard Mubarak-era Figures Gain Grounds in 2nd Stage of Egypt's Parliamen-tary Polls." *Ahram online*. November 28, 2015. http://english.ahram.org.eg/NewsContent/1/0/172001/ Egypt/0/Diehard-Mubarakera-figures-gain-ground-in-nd-stage.aspx. 2015년 11월 29일 (접속).

"Hamdeen Sabahi." https://en.wikipedia.org/wiki/Hamdeen_Sabahi. 2015년 11월 15일 (접속).

"Non-Profit Organization in Egypt." http://madad.com.eg/en/. 2015년 11월 15일 (접속).

"Over 72,000 Russian Tourists Flown out of Egypt Following Sinai Crash: Russian Tourism Agency." *Ahram online*, November 17, 2015. http://english.ahram.org.eg/NewsContent/ 3/12/168887/Business/Economy/Over-,-Russian-tourists-flown-out-of-Egypt-followi.aspx. 2015년 11월 18일 (접속).

Abdou, Doaa S., and Zeinab Zaazou. "The Egyptian Revolution and Post Socio-Economic Impact." *Topics in Middle Eastern and African Economies*, 15 (2013): pp. 103-104.

Aboulenein, Ahmed. "Egypt's 'Deep State' Proves Victorious." *Global Post*, December 12, 2014. http://www.globalpost.com/dispatches/globalpost-blogs/groundtruth/egypt-deep-state-victorious. 2015년 12월 13일 (접속).

Al-Naggar, Ahmed El-Sayed. "Social Justice: The Unfulfilled Dream of the Egyptian Revolution." *Ahram online*, July 9, 2014. http://english.ahram.org.eg/WriterArticles/ NewsContentP/4/105671/Opinion/Social-justice-The-unfulfilled-dream-of-the-Egypti.aspx. 2015년 11월 15일 (접속).

Alexander, Caroline, and Tarek El-Tablawy. "Egypt's Revolution." *Bloomberg QuickTake*, October 20, 2015. http://www.bloombergview.com/quicktake/egypts-revolution. 2015년 11월 15일 (접속).

Awad, Ibrahim. "The Future of Democracy in Egypt." *Ahram online*, November 8, 2015. http://english.ahram.org.eg/NewsContent/4/0/162869/Opinion/0/The-future-of-democracy-in-Egypt.aspx. 2015년 10월 25일 (접속).

Brooke, Steven. "The Muslim Brotherhood's Social Outreach after the Egyptian Coup." *Brooking Political Islam Series*, August 2015. http://www.brookings.edu/~/media/Research/ Files/Reports/2015/07/rethinking-political-islam/Egypt_Brooke-FINALE.pdf?la-en. 2015년 11월 15일 (접속).

CIA. "The World Factbook: Egypt." https://www.cia.gov/library/publications/the-world-factbook/geos/eg.html. 2015년 11월 30일 (접속).

Galal, Rami. "Egypt Pulse." *Al-Monitor: The Pulse of the Middle East*, May 26, 2015. http://www.al-monitor.com/pulse/originals/2015/05/egypt-salafist-sufi-religion-extremism-azhar-quran-sheikh.html. 2015년 12월 1일 (접속).

Huntington, Samuel. "The Class of Civilization?" *Foreign Affairs* 72:3 (1993): pp. 22-49.

Kirkpatrick, David D. "Turnout Rises in Egypt, but the Vote raises Doubts." *New York Times*, May 28, 2014. http://www.nytimes.com/2014/05/29/world/middleeast/egyptian-presidential-election.html?hp&_r=0. 2015년 12월 1일 (접속).

Levinson, Charles, and Matt Bradley. "In Egypt, the 'Deep State' Rises Again." *The Wall Street Journal*, July 19, 2013. http://www.wsj.com/articles/ SB10001424127887324425204578601700051224658. 2015년 11월 25일 (접속).

Momani, Bessma. "In Egypt, 'Deep State' vs. 'Brotherhoodization'." *Brook-*

ings Institute, August 21, 2013. http://www.brookings.edu/research/opinions/2013/08/21-egypt-brotherhood-momani. 2015년 11월 25일 (접속).

Nossier, Mohammed. "The Ugly Truth: Egypt's Deep State." *Egypt Daily News*, November 16, 2013. http://www.brookings.edu/research/opinions/2013/08/21-egypt-brotherhood-momani. 2015년 12월 1일 (접속).

Pew Research Center. "One Year After Morsi's Ouster, Divides Persist on El-Sisi, Muslim Brotherhood: Frustration Mounts as Confidence in Democracy Wanes." May 22, 2014. http://www.pewglobal.org/2014/05/22/one-year-after-morsis-ouster-divides-persist-on-el-sisi-muslim-brotherhood/?utm_expid=53098246-2.Lly4CFSVQG2lphsg-KopIg.0&utm_referrer=http%3A%2F%2Fwww.pewresearch.org%2Fsearch%2Fegypt%2F. 2015년 12월 1일 (접속).

Stephens, Paul. "Discipling and Multiplying Muslim Background Believer Group." 『아랍과 이슬람세계』, 2 (2015): 143-195.

Topol, Sarah. "A List of the Mistakes of Mohamed Morsi." *Bloomberg Businessweek*, July 2, 2013. http://segbwema.blogspot.com.eg/2013/07/a-list-of-mistakes-of-mohamed-morsi.html. 2015년 11월 15일 (접속).

United Nations. "The Demographic Profile of Egypt." *World Population Policies*. http://www.escwa.un.org/popin/members/egypt.pdf. 2015년 12월 1일 (접속).

Vargas, Jose Antonio. "Spring Awakening: How an Egyptian Revolution Began on Facebook." *New York Times*, February 17, 2012. http://www.nytimes.com/2012/02/19/books/ review/how-an-egyptian-revolution-began-on-facebook.html?_r=0. 2015년 11월 26일 (접속).

사하라 이남의 아프리카 전통종교가 이슬람과 기독교에 미친 영향과 기독교 선교 전략

강병권*

*   AIM (AIM: Africa Inland Mission) Korea 디렉터.

● **ABSTRACT**

The Influence of the African Traditional Religions in Sub-Sahara
on Islam and Christianity and Strategies for Christian Missions

Byoung-Kwon Kang

In Sub-Sahara Africa, African Traditional Religions (ATR) are religions that have been influencing greatly among all African societies either they are Christians or Muslims. All people are religious and have their own religious systems with beliefs and practices. Africans are not exceptional. ATR saturate into all areas of their lives and influence their thinking and behaviors. ATR are not for individuals, but for whole communities that they have to involve in participating beliefs, ceremonies, and festivals of communities.

● **Key words**

Folk Religion, Islam in Sub-Saharan Africa

I. 서론

우간다에서 사역할 때, '물 밑에 간다'는 말을 들은 적이 있다. 무슨 뜻인가 물었더니, '영적인 능력을 받기 위해서 특별한 장소에 간다'는 은어였다. 같이 사역하던 현지인 동역자가 어느 날 다음과 같은 이야기를 들려주었다:

"저희 교회에서 지난 주일 한 목사님이 간증하셨습니다. 원래 그 분은 물 밑에 가서 능력을 받고 사람들을 해롭게 하던 사람이었답니다. 예를 들면, 차가 붐비는 시내 사거리에 서서 달리는 차를 전복시키던지 충돌하게 하는 일들을 했답니다. 그러던 그가 예수님을 믿고 나서 새 사람이 되었습니다. 여러 교회들의 초청을 받아 전국적으로 간증집회를 다녔는데, 우연히 어느 교회에서 목사님을 만났는데, 어디서 많이 봤던 분이라는 겁니다. 집에 와서 곰곰이 생각해 보니, 얼마 전 물밑에서 만났던 사람이었답니다."

필자는 목사조차도 능력을 받기 위해 물밑에 간다는 사실에 큰 충격을 받았다. '아, 목사가 되었지만 아직도 전통신앙을 버리지 못하는구나. 무당이나 주술사들처럼 영들로부터 능력을 받기 위해서 물 밑으로 가며, 그것들을 의지하는구나' 마음이 씁쓸했다. 목사가 그렇게 생각한다면, 다른 신자들은 어떠하겠는가?

아프리카의 주 종교는 기독교와 이슬람이다. 2010년 판 Operation World 에 따르면 기독교인 48.8%, 무슬림 41.5%, 전통종교인 8.3%, 무종교 1.02% 순으로 나와 있다.[1] 8%밖에 안 되는 종교임에도 불구하고 아프리카 전통종교는 그리스도인이든 무슬림이든 상관없이 사하라 이남의 많은 아프리카인들 심령에 깊이 뿌리를 박고 있다.

본 논문에서는 사하라 사막 이남의 아프리카 전통종교가 그곳에 있는 기독교와 이슬람에 미치고 있는 영향력을 살펴보고, 이러한 상황에서 우리가 어떠한 선교적 전략을 가져야 할지 제안해 보려고 한다.

---

1   Jason Mandryk, *Operation World* (London: Biblica Books, 2010), 70.

II. 아프리카 전통종교

유수푸 투라키(Yusufu Turaki)는 '기독교인 영적 전쟁의 기초로써 아프리카 전통종교 시스템'이란 제목의 글에서 아프리카 전통 종교 시스템을 크게 기본적인 종교적 믿음과 기본적인 종교적 행위라는 두 큰 영역으로 나누어 설명했다. 그는 기본적인 종교적 믿음의 영역을 다음과 같이 네 영역으로 나누었다: (1) 비인격적인 능력에 대한 믿음, (2) 영적 존재들에 대한 믿음, (3) 신들에 대한 믿음, (4) 최고 신에 대한 믿음 등이다.[2] 한편 존 음비티(John Mbiti)는 아프리카 전통종교를 존재론적 차원에서 5개의 카테고리로 나누었는데, (1) 하나님, (2) 영들, (3) 인간, (4) 동물과 식물, (5) 무생물과 현상 등이다.[3] 이러한 것들에 대한 믿음은 아프리카 전통 종교를 이해하는데 뿐만 아니라 기독교 선교에 미치는 영향을 이해하는데도 매우 중요하다. 필자는 투라키(Turaki)의 분류에 따라 아프리카 전통종교를 설명하려고 한다.

1. 기본 종교적 믿음(Foundational Religious Beliefs)

투라키(Turaki)는 기본 종교적 믿음을 크게 네 가지로 분류했다.

1) 비인격적인 힘에 대한 믿음(Belief in Impersonal Power)

이것은 아프리카 전통종교를 믿는 사람들을 지배하는 강력한 믿음 중에 하나이다. 그들은 모든 창조물과 자연이 이 비인격적인 능력에 사로잡혀 있다고 믿는다. 그래서 아프리카인들은 점술가나 약제사를 찾아가 악마가 사용하는 힘을 대항할 약을 처방 받는다. 또는 사악한 힘에 대항할 만한 능력

---

2 Yusufu Turaki, "Africa Traditional Religious System as Basis of Understanding Christian Spiritual Warfare," in *Lausanne Movement Content Library*: 1, https://www.lausanne.org/content/west-african-case-study (accessed Nov. 28, 2015).

3 John S. Mbiti, *African religions and philosophy* (London: Heinemann, 1971), 15-16.

을 가졌다고 생각하는 물체를 소유하기도 한다. 이런 힘을 얻기 위해 아프리카인들은 종교 전문가들에게 상상할 수 없을 정도의 대금을 지불하기도 한다. 그리고 일상생활에서 많은 사람들이 이런 신비한 힘에 직면하기도 한다. 점술가와 약제사는 사람들에게 부적, 마법가루, 마법의 헝겊쪼가리, 깃털, 인형, 특별한 마법, 신체 부분을 절개하고 약을 바름 등의 방법을 통해서 신비한 힘을 제공한다. 종교 전문가는 집과 가족, 토지와 가축을 비롯한 다른 재산을 보호하기 위해 이러한 힘을 사용한다.[4]

아프리카 마을을 다니다 보면, 목이나 손목에 이상한 고리를 매달고 있거나, 땋은 머리카락 한줌을 남겨놓고 삭발한 어린아이들을 만나볼 수 있다. 이와 같이 신체에 그림이나 기호 등을 새기거나 몸에 지니고 있는 많은 상징물들은 아프리카인들이 비인격적인 것들의 능력을 믿고 있으며, 그것들을 두려워한다는 증거이다. 그래서 그들은 이러한 상징물들을 보호의 수단으로 사용하는 것이다.

여러 아프리카 사회에서 남의 아이를 칭찬하거나 남의 재산에 대해서 찬사를 보내는 것은 금지 사항이고, 또한 그것을 두려워한다. 왜냐하면 아이를 칭찬하거나 남의 재산에 대해 찬사를 보내면 어떤 신비한 힘이 아이나 재산을 파괴하거나 해할 것이라고 믿기 때문이다. 또한 사람들은 머리카락이나 손톱, 혹은 옷가지와 같이 자기 신체의 일부나 자기 몸에 일상적으로 접하는 물건들을 주변에 남겨놓은 것을 꺼려 한다. 왜냐하면 그들을 싫어하는 사람들이 이것들을 가지고 악한 마술을 부려 자기를 해할 수 있다고 생각하기 때문이다. 아프리카인들은 나이가 들수록, 또한 사회적 지위가 높아질수록 특정한 물건들을 갖기를 원하는데, 왜냐하면 이것들을 통해서 신비한 힘을 소유할 수 있다고 믿기 때문이다.[5]

아프리카인들은 약제사나 점술가나 사제 등이 자연적인 물건들이나 식물들이나 동물들을 사용해서 이러한 비인격적인 힘을 사용하거나 나타낼 수

---

4   존 음비티, 『아프리카 종교와 철학』, 장용규 역 (서울: 지식을만드는지식, 2012), 111.
5   존 음비티, 『아프리카 종교와 철학』, 111.

있다고 믿는다. 이 신비한 힘은 어떤 특정한 물건들이나 영적인 수단들을 통해서 전달될 수 있다고 믿는다. 그리고 이 힘은 특별한 장소로 다양한 목적을 가지고 보내질 수 있다고 믿는다. 이런 점에서 비인격적인 힘은 선할 수도 있고 악할 수도 있다. 사람이 그러한 힘을 전달하는 물건에 접촉할 때, 선과 악에 전염될 수 있다고 믿는다.[6]

2) 영적 존재에 대한 믿음(Belief in Spirit Beings)

아프리카인들은 현실의 현상과 인간의 운명이 영적 세계에 깊은 뿌리를 내리고 있다고 믿는다.[7] 다시 말해서, 그들에게는 영적 존재들의 활동이 모든 사회와 영적인 현상을 주관한다고 생각한다. 그들은 영적인 세계와 물질적인 세계가 서로 뒤섞여 있고 교묘하게 연결되어 있어서 이 둘을 구분하는 것은 거의 불가능하다고 본다.[8] 아프리카 사회에서는 날씨와 자연현상이 영적 존재와 연관되어 있고, 또한 이런 현상이 인격화되기도 한다. 태양, 산, 바다, 호수, 강과 암석 같은 자연의 주요 대상은 영적 존재의 속성을 지니거나 그 자체다.[9]

음비티(Mbiti)는 아프리카인들이 이해하는 영적 존재를 인간과 관련시켜 자세히 설명하고 있다.[10] 대부분의 사람들은 영적 존재를 사람이 육체적으로 죽고 나서 남은 무엇이라고 생각한다. 인간은 영적 존재가 되려는 희망을 갖는 것이 아니라 필연적으로 영적 존재가 된다. 영적 존재가 머무는 장소는 인간이 정한다. 대부분의 아프리카인들은 영적 존재가 숲, 관목, 산림, 강, 산과 마을 주변에 거주한다는 생각을 갖고 있다. 이것은 부분적으로 인간의 자기 방어적 본능에서 나온 것인데, 인간은 영적 존재가 된 뒤 완전히 낯선 환

---

6 Turaki, op. cit., 1-2.
7 Turaki, op. cit., 3.
8 Turaki, op. cit., 3.
9 존 음비티, 『아프리카 종교와 철학』, 62.
10 존 음비티, 『아프리카 종교와 철학』, 66-77.

경으로 떠나는 것을 상상하고 싶어하지 않기 때문이다.

영적 존재는 살아 있는-죽은 존재(the living-dead)와 함께 인간의 희생제사와 기도를 신에게 전달하는 중개인의 역할을 하고, 신의 답을 인간에게 전달한다. 이런 의미에서 영적 존재가 된다는 것은 사회적 상승을 뜻한다. 그래서 아프리카인들은 살아 있는-죽은 존재와 영적 존재에 대해 존경과 관심을 갖는다.

영적 존재들 중에는 악한 영도 있다. 이러한 악한 영을 쫓아내는 것은 전통의사(witchdoctor)나 점술가의 주된 역할이다. 이들이 사용하는 방법은 다양하다. 악한 영이 마을을 위험에 빠뜨리지 못하게 하기 위해서, 또한 영적 존재와 관계를 지속하기 위해서 다양한 형태의 의례를 치른다. 이 의례에는 음식과 술, 또는 우유와 물을 바친다. 이러한 제물들과 함께 기도의 형식이나 혹은 죽은 사람을 위한 탄원의 형식을 빌리거나 종교적 경구를 암송하기도 한다. 이 경구가 사람과 영적 존재 사이의 친교를 위한 가교 역할을 한다고 믿는다. 그리고 이 경구는 죽은 사람이 아직 살아 있다는 것을 인정하는 증거로 작용한다. 이런 종교적 행위를 하지 않는 것은 죽은 사람과의 관계를 단절하고 영적 존재를 잊어버리는 행위이기 때문에 매우 심각하게 받아들인다. 그러므로 불행이나 어려움이 생기면 아프리카인들은 누군가 마술을 행했거나, 악마의 소행이거나, 아니면 영적 존재를 잊어버렸기 때문이라고 생각한다.

특별히 음비티(Mbiti)는 살아 있는-죽은(living-dead) 존재에 대해서 그의 책에서 여러 페이지를 할애하여 자세히 설명한다.[11] 한 사람이 죽은 후 다섯 세대까지의 영적 존재는 다른 영적 존재들과 다르다. 이들은 개인적으로 영원한 상태에 있으며 죽음의 과정이 아직 완성되지 않은 존재들이다. 이들은 사람이 영적 세계와 맺고 있는 가장 친근하고 가까운 범주의 존재들이다. 이들은 살아 있는 인간의 언어를 사용하고, 동시에 신과 영적 존재의 언어도 사용한다. 아프리카인들이 가장 관심을 많이 보이는 영적 존재가 바로 이들인

---

11   존 음비티, 『아프리카 종교와 철학』, 77-97.

데, 이들은 여전히 살아 있는 가족의 한 구성원으로서 가족을 보호하기 때문이다. 그들은 가족에게 재앙을 예고하고, 자신들의 특별한 지시 사항을 따르지 않음에 대해 경고하고, 가족의 전통이나 윤리를 지키도록 돕는다.

살아 있는-죽은 존재에게 바치는 음식과 술은 그들에 대한 호의와 환영을 표하는 것이기도 하지만, 또한 그들이 떠나도록 통지하는 행위이기도 하다. 그런데 후손들이 살아 있는-죽은 존재에게 음식과 술 바치기를 거부하거나 그들이 내린 지시사항을 어길 경우, 후손들은 불행과 고통을 겪게 된다고 믿는다. 그러므로 사람들은 장례나, 시신처리, 제물, 전통, 관습 등을 정성을 다해 수행한다. 일부 부족들에게는 무덤 관리가 매우 중요한데, 왜냐하면 살아 있는-죽은 존재가 무덤에 거주한다고 생각하기 때문이다.

한 사람이 죽은 지 4~5세대가 지나면, 가족 중 그를 기억하는 사람이 거의 없어진다. 그는 더 이상 이름으로 기억되지 않는다. 그렇게 되면 살아 있는-죽은 존재는 더 이상 가족의 일원이 아니라 영적 존재가 되어 영적 집단에 속하게 된다.

3) 신들에 대한 믿음(Belief in Many Divinities)

아프리카 전통종교에 의하면 하나님에 의해서 많은 신들이 만들어졌고,[12] 그들이 가지는 영향력과 관할 영역이 각각 다르다.[13] 어떤 신들은 아프리카 전통 신화나 선사 시대와 우주적인 이야기 속에 나오는 신비한 형상들이며, 다른 신들은 그들 부족의 영웅들을 일컫기도 한다. 인생의 삶과 사회와 종족을 주관하는 신들은 바다, 강, 산, 숲, 땅, 해, 달, 별, 비, 천둥, 운명, 다산, 건강과 아픔, 씨 뿌림과 추수, 종족이나 가문의 신들 등의 형태와 역사로 나타난다. 신들은 하나님의 종들 혹은 사역자들로서 하나님의 명령을 수행한

---

12 Mbiti, op. cit., 75.
13 Turaki, op. cit., 5.

다.[14] 이들은 사람들이 하나님의 계명을 어겼을 때 이들을 찾아내어 하나님께 보고 드리는 종들이다. 예를 들면, 어떤 특별한 양을 먹는 것을 금했는데 먹었을 경우 신이 그들을 하나님께 보고 드린다. 그러면 하나님은 그를 다시 인간들에게 보내어 그들을 벌하게 하는데, 병, 가뭄, 전쟁, 유아 사망 등이 이에 해당한다.

4) 최고신(하나님)에 대한 믿음(Belief in a Supreme Being, God)

대부분의 아프리카 전통 종교 학자들은 아프리카인들이 우주적인 하나님과 창조주 하나님에 대한 개념을 가지고 있다는 사실에 동의한다.[15] 하나님에 관한 아프리카인들의 지식은 잠언, 노래, 기도, 이름, 신화, 이야기, 종교적 행사들에서 표현되고 있다. 아프리카 사람들은 구전 문화를 가지고 있기 때문에 하나님에 관한 믿음을 이런 방편으로 후손들에게 전달하는 것이 가장 쉽고 적당하다. 아프리카인들은 하나님의 존재를 당연한 것으로 믿는다. 그런 의미에서 아프리카에는 무신론자가 없다.[16] 음비티는 아프리카인들이 믿는 하나님은 영원하며, 전능하며, 어디에나 계시며, 스스로 존재하며, 영이며, 선하며, 의로운 분이라고 말하고 있다.[17] 그렇지만 많은 학자들은 아프리카인들이 최고신에게 경배하지 않는다는 사실에도 동의한다.[18]

2. 기본 종교적 관행들(Foundational Religious Practices)

위와 같은 종교적 믿음은 자연스럽게 종교적 관행들과 행동으로 옮겨진다. 전통적으로 아프리카인들은 우주적이며 영적이며 신비로운 힘들과 관

---

14 Mbiti, op. cit., 78.
15 Turaki, op. cit., 6.
16 Mbiti, op. cit., 29.
17 Mbiti, op. cit., 30-38.
18 Turaki, op. cit., 6.

계를 맺으려고 다양한 관행들과 예식을 개발시켜 왔다.[19] 각 예식마다 나름 대로의 규칙과 규율을 가지고 있고, 후손들은 그것들을 성실하게 준행해야만 했다. 예식에서 사용되는 것들로는 언어, 상징부호, 마술, 부적, 주주(juju), 무당 등이 있다.

이것들 중 마술을 좀 더 깊이 생각해보자. 마술에는 선한 것과 악한 것이 있다. 선한 마술은 부족의 안녕을 위해서 치료주술사나 점쟁이나 기우사에 의해 사용되는 신비한 힘이다. 이것은 병자들을 치료하고 불운을 해결하고, 악한 능력이나 악한 무당을 파괴하는 말이기도 하다. 점쟁이나 치료주술사는 사람들에게 신비한 힘을 주는 부적이나 가루나 천 조각이나 깃털이나 형상들을 제공한다. 사람들은 그것을 집이나 가족이나 농장이나 가축이나 다른 재산들을 보호하기 위해서 사용한다.[20] 어떤 이들은 이러한 물건들이 신비한 능력을 지니고 있다고 믿지만, 다른 이들은 물건들은 상징적인 것이며 영들이 그것들을 통해서 능력을 주는 것이라고 믿는다.

반면 악한 마술은 신비한 능력을 사용해서 다른 사람이나 그들의 재산을 해하는 행위를 일컫는다. 여기에 해당되는 사람이 주술사이다. 아프리카 사람들은 모든 종류의 질병들, 불행, 아픈 것, 사고, 비극, 슬픔, 위험 등이 우연히 일어난 것이 아니라고 믿는다. 주술사들이 신비한 능력을 사용해서 이러한 일들이 일어났다고 믿는다. 이러한 모습을 통해 선한 마술이든 악한 마술이든 상관 없이 아프리카인들은 모든 일들을 종교적인 차원에서 이해한다는 것을 알 수 있다.

만약 기대하던 일-우기철에 비가 오는 것-이 일어나지 않는다면, 사람들은 지켜야 할 규칙과 규율이 제대로 지켜지지 않았고 무엇인가 잘못되었다고 생각한다. 이것들은 화해, 회복, 평화를 맺음으로 고쳐질 수 있다고 믿는다. 우주적이고 영적인 회복을 위해서는 희생제물과 헌금, 금기사항(taboo)

---

19 Turaki, op. cit., 8.

20 Mbiti, op. cit., 198.

이 있다.[21] 예식들은 기능에 따라 매우 다양하다. 일 년 동안 고정된 공적 예식들이 있는가 하면, 개인적으로 필요할 때마다 행하는 개인적인 예식들도 있다.

3. 아프리카 전통적 세계관의 철학적 토대들

음비티가 그의 책 제목을 'African Religions and Philosophy' (1969)라고 붙이면서, "철학은 모든 사람의 사고와 행동의 근원이다. 전통종교 연구는 우리를 아프리카인들의 깊은 삶의 영역으로 안내하는데, 그들의 말과 행동을 통해서 우리는 그들의 철학을 이해해야 한다 … 아프리카인들의 철학은 아프리카인들이 생각하고 행동하고 말하는 것들의 근원을 이해할 수 있게 해 준다"[22]라고 설명했다. 결국 음비티는 종교와 철학이 사람들의 생각과 행동의 근원을 알게 해주는 것으로 이해하고 있다. 그리고 투라키(Turaki) 역시 철학적 토대들이 종교적 신앙과 관행과 행동에 강력한 영향력을 끼친다고 주장한다.[23] 필자도 이에 동의하면서 아프리카 전통종교를 좀 더 잘 이해하기 위해서 철학적 요소들을 연구하는 것이 중요하다고 본다.

1) 시간

시간 개념은 아프리카인들의 신앙과 태도와 관행과 일반적인 삶의 방식을 이해하는데 큰 도움을 준다.[24] 아프리카에는 1년 12달 숫자로 표시된 달력 대신 현상력(phenomenon calendar)이라고 부를 수 있는 달력이 있다. 이 달력은 사건과 현상을 통해 시간을 구성한다. 사건이 발생하면 즉 시간이 구성

21 Turaki, op. cit., 9.
22 Mbiti, op. cit., 1-2.
23 Turaki, op. cit., 19.
24 Mbiti, op. cit., 16-28.

되면, 사건과 현상이 서로 연관되고 배열되어 시간이 계산된다. 우기와 농번기, 추수기와 건기, 다시 찾아오는 우기와 농번기, 추수기와 건기가 계속 반복되기를 기대한다. 한 해는 오고 간다. 그리고 이를 통해 과거의 시간 영역에 해를 쌓아간다.

여기에서 음비티는 '사사'(sasa)와 '자마니'(zamani)라는 개념을 가지고 아프리카인의 시간 개념을 더욱 발전시켜 나간다.[25] 사사는 실제로 바로 지금의 경험적 확장이다. 사사는 가까운 미래와 역동적인 현재, 경험적인 과거를 갖춘 완전한 또는 완성된 시간의 영역이다. 이러한 시간의 영역을 미시적 시간이라고 부를 수 있다. 반면 자마니를 거시적 시간이라고 부를 수 있는데, 사사와 영역이 겹칠 뿐 아니라 서로 분리할 수 없다. 사사는 자마니에 사건(시간)을 제공하거나 자마니 속으로 사라진다. 자마니는 모든 현상과 사건이 머무는 마지막 저장고이다.

인간의 삶도 여러 사건들이 자연스럽게 연결되는 리듬을 가진다. 이 리듬은 출생, 사춘기, 성인식, 결혼식, 출산, 노년기, 죽음이라 할 수 있다. 죽음은 사람을 조금씩 사사에서 자마니로 이동시키는 과정이다. 육체적인 죽음 이후에도 사람은 즉각적으로 사라지지 않고 사사의 영역에 체류한다. 죽은 사람은 친척과 친구에 의해 기억되는데, 그의 이름이 기억되는 한 그는 실제로 죽은 것이 아니다. 죽은 자이나 여전히 살아 있기에 음비티는 이를 살아 있는-죽은 존재(the living-dead)라고 부른다. 이와 같은 관념에서 아프리카 사회의 결혼이 종교적 의미를 가지고 있음을 이해할 수 있다. 개인의 영원함이 단절되지 않기 위해서 결혼해야 하고, 아이를 낳아야 하는 것이다. 시간이 흘러가면서 살아있는-죽은 존재는 사사의 지평선 너머로 가게 되는데, 개인적으로 살아 있는-죽은 존재의 이름을 기억하는 사람이 더 이상 없을 때 발생한다. 이렇게 되면 한 사람의 죽음의 과정이 완성된다.

---

25 Mbiti, op. cit., 22.

2) 악, 윤리, 그리고 정의[26]

거의 모든 아프리카 사회에서 영들은 악의 기원이거나 악의 대리인이라고 여겨진다. 아프리카 사회에는 다양한 법과 관습, 행동규범과 법칙, 터부 등 기존 사회와 관련된 도덕적 규범과 윤리관 등이 존재한다. 아프리카인들은 이러한 사회적 규약을 신성한 것으로 여기는데, 왜냐하면 신이나 공동체의 지도자가 이를 제정한 것으로 간주하기 때문이다. 본래부터 선한 사람 또는 악한 사람은 없다. 다만 자기가 속한 사회의 규율과 관습에 순응하는 것은 선한 행동이고 그러지 않는 것은 악한 행동이다. 아프리카인들은 신이 악한 행위를 처벌하며 이를 통해 정의를 수행한다고 믿는다. 그런 의미에서 그들은 신을 법과 도덕, 윤리 규범을 수호하는 최후의 보루로 생각한다.

3) 유기적 삶

전통적인 아프리카인들은 하늘과 영들과 지구와 육체적인 세계와 살아 있는 자와 죽은 자와 조화를 이루는 삶을 추구한다.[27] 그들은 육체적인 것이나 물질적인 것이나 영적인 것이나 세상적인 것이나 종교적인 것이나 개인의 소유나 공동체의 소유나 모든 것들이 하나로 묶여 있다고 여긴다. 이 유기적인 삶에서 모두는 다른 모든 사람을 알고 있다. 아프리카인들에게 사람은 개별적일 수 없고, 다 유기적일 수밖에 없다. 인간은 독립적이지 않고 의존적이다. 인간은 개인의 권리나 자유를 추구해서는 안 되고 공동체의 의무와 책임을 성취해야 한다.

이런 차원에서 아프리카인들의 유기적 삶을 공동체주의(communalism)라 부를 수 있다.[28] 아프리카의 공동체주의는 친족(kinship)에서 그 유래를 찾아

---

26   Mbiti, op. cit., 204-215.
27   Turaki, op. cit., 11.
28   Turaki, op. cit., 15.

볼 수 있는데, 가족의 개념에서 친족은 조상들에게서 그 뿌리를 찾는다. 친족은 공동체의 근원이 된다. 반 델 발트(Van der Walt)는 공동체 안에 있는 사람의 40가지 특징들을 열거했다.[29] 그 중에 몇 가지만 열거해 보면 다음과 같다: 개인보다 그룹을 위에 둠, 사람을 좋아함(사회 중심적), 포괄적 태도, 안전, 사람에 의존함, 관계중심, 강한 그룹의 압력, 개인 우선성을 약화시킴, 협동, 일치성, 공동체에 대한 의무, 사회적 화합을 회복하기 위한 법, 대화, 타협, 결혼의 당위성, 대 가족 안의 연합 등이다. 더 나아가 한 개인은 친족 안의 공동체에 엮여 있을 뿐만 아니라 영적인 세계, 특히 조상들과, 심지어는 아직 태어나지 않은 가족들과도 연관을 맺고 있다.[30] 이와 같은 아프리카인들의 전통적인 철학적 사고가 그들의 전통종교와 문화에 얼마나 깊이 영향을 미치고 있는가를 쉽게 볼 수 있다.

III. 아프리카 전통종교가 이슬람에 미친 영향

사하라 사막 이남 아프리카에서 이슬람은 천 여 년이 넘게 전통종교와 함께 공존해 왔을 뿐만 아니라 혼합되어 왔다.[31] 어떤 면에서 아프리카 전통종교는 큰 충돌이나 불화 없이 이슬람으로 대체되었다. 어떻게 그런 일이 일어났는가? 아프리카 전통종교와 이슬람의 신앙이 유사했기 때문인 것 같지는 않다. 예를 들면, 아프리카 전통종교에서는 조상숭배가 매우 중요한 믿음 중에 하나인데, 이는 이슬람의 유일신 신앙과는 거리가 멀다. 스태머(Stamer)는 그 이유를 사회-종교적 정황에서 찾고 있다.[32]

---

29 Van der Walt, *Man and God : The Transforming Power of Biblical Religion* (Potchesfstroom: Potchefstroomse Universiteit, 1997), 31-34; Turaki, op. cit., 16에서 재인용.

30 Turaki, op. cit., 17.

31 Josef Stamer, "Islam and African Tradition," http://www.afrikaworld.net/afrel/islam-afritradition. htm (accessed Nov. 28, 2015): 1.

32 Stamer, "Islam and African Tradition," 2.

아프리카 전통종교는 서양에서 생각하는 단순한 종교 그 이상이다. 그것은 인간의 모든 상황을 아우르며, 사회 전체를 주관하는 우주적인 틀인 것이다. 이것은 그들의 조상들의 땅과 장소에 매우 밀접하게 연관되어 있으며, 자연과 자연의 소산물들과 긴밀하게 연계되어 있다. 그런데 그들의 조상의 땅으로부터 아프리카인들이 아메리카로, 유럽으로 팔려 나갔고, 사회-종교적으로 그들의 신앙을 지키기 어려워지게 되었다. 이 때, 이슬람이 그들의 전통종교를 대체해 줄 수 있고, 모든 것을 포괄하고, 안전을 보장하는 사회-종교적 틀을 제공했다. 더 나아가 아프리카인들이 이슬람을 받아들일 때, 그들의 전통신앙을 포기하지 않고 그대로 유지해도 문제될 것이 전혀 없었다. 그들의 삶의 법칙이나 습관을 바꾸지 않고도 새로운 무슬림 공동체로 전환할 수 있었다. 현실의 절박성 때문에 아프리카인들은 이슬람의 새로운 규정이나 금지조항에 대한 분명한 이해를 가질 수 없었다. 이슬람도 그들의 규정이나 금지 조항을 자세히 설명하지 않고 자연스럽게 아프리카 전통종교를 대신하여 자리 잡았다. 아프리카인들에게 새로운 것 중에 하나는 하나님을 예배할 때 하는 기도였다. 그러나 이것조차도 이미 존재하고 있는 다른 제사 예식들에 추가된 예식에 불과했다.

이슬람이 아프리카 전통 종교인들에게 쉽게 받아들여질 수 있었던 또 다른 이유는 아프리카 무슬림들에 의해서 이슬람이 전파되었기 때문이다.[33] 처음 이슬람이 사하라 남부 아프리카에 전파된 것은 아랍 상인들을 통해서였다. 그러나 이슬람화에 기여한 사람들은 종교와 언어와 문화를 공유하는 아프리카 사람들 자신이었다. 아프리카 전통종교인들은 아프리카 무슬림들이 전하는 종교를 큰 거부감 없이 받아들인 것이다. 이런 점에서 아프리카인들은 이슬람을 다른 나라의 종교가 아니라 아프리카의 문화와 전통에 속하는 한 부분으로 여겼던 것이다.

요약해 본다면, 아프리카인들은 이슬람이 그들에게 전파되었을 때, 그들의 전통종교를 그대로 유지한 채 이슬람의 종교적 형식을 받아 들였다고 할

---

33 Stemer, op. cit., 3.

수 있다. 두 종교가 자연스럽게 혼합된 것이다. 이렇게 혼합된 두 종교의 모습이 지금도 아프리카의 많은 미전도종족 안에서 발견된다. Africa Inland Mission이 발간한 기도정보에 나오는 몇 예들을 들어 본다.[34]

알라과(Alagwa, 탄자니아): 부족의 전설에 의하면 일찍이 몇몇 알라과 인들이 메카(회교성지)에 갔는데 무종교인(정령숭배)이라는 이유로 거절당했다고 한다. 후에 그들은 이슬람으로 개종했고 그래서 지금 90%이상이 무슬림들이다. 그러나 전통 신앙과 이슬람 신앙이 혼합되어 있어서, 알라, 뭉구, 랄라아를 다 신이란 의미로 말한다. 그러기에 무슬림이라고 자처함에도 불구하고 그들의 신앙과 종교의식은 전통생활방식의 삶과 밀착되어 있다.

디고(Digo, 탄자니아): 이슬람이 널리 행해지고 있으나 전통 신앙과 애니미즘, 조상숭배와 혼합되었고 실은 이들이 이슬람보다 더 영향을 주고 있다. 대다수 사람들은 이슬람의 미신적 교리만을 알고 있다. 무당들에게 정규적으로 자문을 구하고 악신을 쫓아내는 희생의 피를 드린다.

마오레(Maore, 마요테): 마오레 족은 반투인의 관습을 포함하는 토속 신앙과 섞인, 샤프티 이슬람 신봉자들이다. 무슬림으로서의 정체성 때문에 기독교에 반감을 갖고 있다. 그러나 실제로 이들은 영적 세계에 대해 두려움을 갖고 살아가며 일상생활에서 영들(디진)에게 도움을 구한다.

음비티도 아프리카 무슬림들에게 미친 아프리카 전통종교의 영향력을 다음과 같이 설명한다: 아프리카 무슬림들은 아직도 전통적인 아프리카 배경에 따라 생각하고 행한다. 예를 들면, 귀신이 아이들을 해할 것을 두려워해서 아이들을 칭찬하지 않거나 이름을 지어준 후 아무도 모르는 곳으로 숨긴

---

34 http://prayafrica.org/ (accessed Dec. 4, 2015).

다. 점을 칠 때, 전통적인 방식과 이슬람 연감을 혼합해서 사용한다. 사람들은 무당들을 극히 무서워한다. 그들은 영들과 살아 있는 죽은 자의 존재를 강하게 믿는다.… 출생과 결혼과 장래에 대한 이슬람의 예전이나 기도들은 전통적인 생각과 관습과 매우 흡사하다.[35]

이 사실은 Pew Research Center가 사하라이남 19개 나라에서 실시한 설문조사에서도 분명하게 드러난다.[36] 세네갈과 말리는 아프리카 전통 종교를 믿고 실천하는 이들이 50%가 넘었고, 4개 나라는 반 이상이 우상숭배와 정령숭배가 해로운 일에서 그들을 보호해 준다고 믿었고, 11개 나라의 인구 절반이 부적이 그들을 보호하는 능력이 있다고 믿고 있다. 더 나아가 많은 사람들이 희생재물이 보호하는 능력을 가지고 있다고 믿는다. 모든 나라에서 다섯 명 중 한 명은 악한 눈(evil eye)과 저주를 믿었고, 열 명 중 세 명은 집안 식구가 아프면 전통 무당에게 찾아 간다고 말했다. 또한 다섯 명 중 두 명은 집안에 아프리카인들이 전통적으로 신성하다고 생각하는 물건들을 가지고 있다고 했다. 예를 들면, 신당, 깃털, 가죽, 해골, 뼈다귀, 조각목, 나뭇가지, 창, 나무 뿌리 등이다. 특별히 무슬림 국가들에서 아프리카 전통 종교를 유지하는 경우가 더욱 두드러졌다.

IV. 아프리카 전통종교가 기독교에 미친 영향

아프리카에서 기독교는 오랜 역사를 가지고 있기에 아프리카 토착 종교 중의 하나라고 해도 틀린 말은 아니다.[37] 기독교는 7세기에 들어온 이슬람보다 훨씬 전에 이미 북 아프리카 대부분의 지역과 이집트, 이디오피아, 수단 등에 자리 잡고 있었고, 위대한 변증가 터툴리안, 오리겐, 알렉산드리아의

---

35 Mbiti, op. cit., 245-251.

36 Pew Forum on Religion and Public Life, *Tolerance and Tension: Islam and Christianity in Sub Saharan Africa*, p. 34. https://www.pewforum.org/docs/?DocID=524 (accessed Nov. 15, 2015).

37 Mbiti, op. cit., 229.

클레멘트, 어거스틴 등이 활약했다. 그러나 이슬람이 들어와 확산되면서 기독교는 축소되어 이집트 일부와 이디오피아에만 남게 되었다. 세기를 거듭하면서 이디오피아 교회는 다른 기독교 왕국과 교류가 단절되었고, 고립된 채로 아프리카 대륙에서 살아남기 위해서 최선을 다했다. 이러한 노력은 교회 주변에 세워진 많은 성인 성상들, 성 동정녀 마리아 상에 헌납된 넓은 땅, 유대교 전통 예식 준수, 집사와 사제와 비숍 같은 교회 조직, 칠 성례, 복잡한 예배의식, 권력은 많이 가졌으나 교육받지 못한 사제들, 그리스도 단성론 신학 등의 모습으로 이디오피아 정교회의 특징들로 남았다. 어떤 면에서 이것들은 이디오피아 교회가 순수한 아프리카 기독교로 남아 있다는 반론이 되기도 한다.[38]

그러나 이디오피아 정통 교회 안에서도 아프리카 전통신앙으로부터 받은 영향들을 찾아 볼 수 있다. 이디오피아 그리스도인들은 많은 악신들을 믿고 있고, 그러한 악신들로부터 보호 받기 위해서 부적들을 가지고 다닌다. 이 부적은 사제들에 의해 두루마리나 책자에 쓰여진 신비한 기도문으로 가죽 상자 안에 넣어 목이나 팔에 걸고 다닌다.[39]

현대 선교가 시작되면서 많은 선교사들이 아프리카로 몰려들었다. 선교사들은 신학을 깊이 공부한 신학자들이 아니었고, 또한 그들과 함께 사역을 시작했던 대부분의 아프리카인들은 거의 교육을 받지 못한 이들이었다. 시작부터 기독교 선교는 아프리카 전통종교나 철학의 도전에 대답할 만한 신학적 준비가 되어 있지 않았다.[40] 시간이 지나면서 교회가 증가하기는 했으나 성공회나 루터교나 장로교에서 독립된 교회들이 생겨나기 시작했다. 지금은 적어도 5분의 1이상이 독립교회라고 할 수 있다.[41] 독립교회는 아프리카 전통종교의 세계관과 철학을 가지고 나름대로 성경을 이해하고 적용했

---

38 Mbiti, op. cit., 230.
39 Mbiti, op. cit., 232.
40 Mbiti, op. cit., 232.
41 Operation World, 70.

다. 결과적으로 많은 독립교회들 안에서 기독교와 아프리카 전통종교가 혼합될 수밖에 없었다. 복음을 말했지만 아프리카 전통종교의 세계관을 바꾸기에는 역부족이었다. 많은 아프리카 기독교인들은 몇 가지 규칙들을 지키고, 내세에 대한 약속을 믿고, 리듬 없는 찬송가를 부르며, 형식적으로 지키면 되는 몇 가지 예식들이 기독교 신앙 생활의 모두인 것으로 생각했다.[42]

이러한 기독교는 아프리카 전통종교를 믿는 아프리카인들에게 너무도 쉬운 종교생활이었다. 왜냐하면, 전통적으로 그들은 종교가 삶 전체였기 때문이다. 종교에 공백이 있다는 것은 생각할 수 없었다. 아프리카인들에게 기독교와 같은 종교로는 종교 생활이 충분하지 않다. 몇 가지 형식적인 예식으로 종교를 유지하는 기독교는 그들의 삶 전체의 필요를 채워 줄 수 없었다.[43] 결국 아프리카 기독교인들은 기독교의 예식들에 참예하면서도 가슴 깊숙한 곳에서는 전통종교를 신봉할 수 밖에 없었다.

초창기의 많은 기독교 선교사들이 복음을 그들의 문화와 분리시키지 않은 채 아프리카인들에게 전하는 큰 오류를 범했다. 아프리카인들은 그리스도인이 되기 위해서 그들의 모든 문화를 버리고 선교사들의 문화를 받아들여야만 했다. 많은 아프리카인들이 삶의 어려운 문제들에 대한 해답을 얻지 못한 채 교육과 직업과 발전을 기대하며 형식적인 기독교인이 되었다. 결국 기독교는 복음과 함께 서양문화와 물질주의를 아프리카에 들어왔으나 아프리카인들 속에 내재되어 있는 전통적인 세계관을 변화시키지 못한 채 복음과 아프리카 전통종교가 공존하는 아프리카 교회를 만들었다.[44]

---

42 Mbiti, op. cit., 233.
43 Mbiti, op. cit., 234.
44 Mbiti, op. cit., 238.

V. 아프리카 전통종교와 기독교 선교 전략

아프리카 전통종교가 아프리카인들의 모든 삶을 지배하는 세계관이요, 문화요, 삶이라면, 이들에게 어떻게 선교해야 하는가? 먼저, 아프리카 전통종교를 믿다가 그리스도인이 된 아프리카인들은 자연스럽게 다음 몇 가지 질문들을 갖게 된다. 그리스도인이 된 나는 전통적으로 행하던 모든 예식들을 중단해야 하는가? 만약 가족 중에 누가 아프면, 그리스도인이 된 나는 마술사한테 가면 안 되는가? 우리 자녀들이 할례의식에 참여하지 않아도 괜찮은가? 이슬람에서 그리스도인이 되면 하루에 다섯 번 기도하던 예식과 라마단 금식을 중단해야 하는가? 이러한 질문들은 현지 그리스도인들 뿐만 아니라 그들에게 복음을 전하고 제자 삼는 선교사들도 답해야 하는 중요한 질문들이기도 하다. 그렇다면, 그리스도인들, 특히 선교사들은 아프리카 전통종교에 대해서 어떠한 자세와 전략을 가지고, 아프리카인들에게 접근해야 하는가?

첫째로, 선교사는 아프리카 전통 종교를 배우는 학생이 되어야 한다.[45] 아프리카 전통종교에 대해서 공부하고, 아프리카인들의 삶에서 그것이 어떻게 실천되고 있는지 관찰해야 한다. 관찰을 통해서 어떻게 그들과 의사 소통할지 방법들을 알게 된다. 왜냐하면, 그들의 삶의 방식을 모르고는 효과적인 의사 소통을 할 수 없기 때문이다.

둘째로, 선교사는 '내가 어떤 역할을 할 수 있나?'를 심각하게 고려해야 한다. 선교사가 선택할 수 있는 역할들이 다양한데, 일곱 가지 역할이 가능하다고 본다. 그들의 종교적 관행을 그대로 받아 들여서 행하는 지지자(adherent혹은 insider), 그 종교에서 진리를 찾는 구도자(seeker), 구도자는 아니지만 다른 종교와 대화를 하기 위한 가능성을 찾는 탐색자(explorer), 그 종교를 객관적으로 정확하게 알리는 리포터(reporter), 그 종교에 전문성을 갖고 좀 더

45 A. Scott Moreau, Gary R. Corwin, Gary B. McGee, *Introducing World Missions* (Grand Rapids: Baker Academic, 2004), 298.

나은 상황화를 추구하는 전문가(specialist), 새로운 종교를 지지하는 변호자(advocate), 그리고 다른 종교에 대해서 기독교 진리를 변증하고 모든 종교적 문화를 반대하는 변증자(apologist 혹은 antagonist적대자) 등의 역할을 택할 수 있다.[46] 선교사는 복음의 진리를 타협하지 않고, 성령님의 능력에 의지하면서, 아프리카 공동체의 특성에 맞게 다양한 역할들을 할 수 있다고 본다.

셋째로, 선교사는 존경심과 겸손함과 예민함과 지지함으로 전통종교를 믿는 아프리카인들을 대해야 한다.[47] 선교사는 아프리카 전통종교의 믿음들에 대해서 경멸하거나 대적하기보다는 그들의 신앙을 존중해 주어야 한다. 또한 선교사는 아프리카인들이 인간으로서 그리스도를 아는데 한계를 가지고 있고, 그들에게서 배울 점이 있음을 인식하는 겸손의 태도가 필요하다. 더 나아가 선교사는 불필요한 말이나 태도나 행동으로 아프리카인들을 모욕하지 않도록 조심하는 예민함이 필요하다. 그리고 선교사는 아프리카인들의 전통종교를 더 깊이 이해하기 위해서 무조건 반대자의 입장에 서기 보다는 지지하는 자세로 그들을 대하고 다가가야 한다. 왜냐하면, 선교사의 목적은 그들을 패배시키는 것이 아니라 그들을 그리스도께로 데려오는 것이기 때문이다.[48]

이러한 태도를 가지고 선교사는 다음과 같은 두 가지 질문을 끊임없이 해야 한다. '전통적인 아프리카인들의 믿음이 그들의 삶에 미치는 영향이 무엇인가?' '과연 이러한 영향력에 대해서 성경과 기독교 신학은 무엇이라고 말하는가?' 이 질문에 답을 찾으면서 주의 할 점은, 선교사가 전통종교인들의 신앙적 행동에 관해 책망할 성경구절들을 전달해 주는 방식으로 문제를 해결해서는 안 된다는 것이다. 아프리카 전통종교인의 믿음과 느낌과 행동은 더 깊은 신학적 기초와 세계관을 가지고 있다.[49] 그들은 왜 지금까지 믿었던

---

46 Moreau, *Introducing World Missions*, 299-302.
47 Moreau, op. cit., 302-304.
48 Moreau, op. cit., 304.
49 Turaki, op. cit., 3.

전통종교를 버리고 다른 종교를 믿어야 하는지 알 필요가 있다. 선교사들이 그리스도의 피의 능력, 그리스도의 능력, 성령님의 능력, 예수님 이름으로 기도할 때 나타나는 능력 등을 소개할 때, 이것들이 아프리카 전통종교에서 말하는 능력과 어떻게 다른지 충분히 설명해야 한다. 아프리카인들이 전통적으로 의지하는 초자연적 힘들이 악령들에 의한 것이라고 선교사들이 가르칠 때, 이것들이 왜 악한 영들에 의한 것인지 성경적으로 깨닫고, 삶으로 체험되어야만 한다.

넷째로, 선교사는 현지 교회 지도자들과 함께 성경적 상황화를 끊임없이 추구해야 한다. '성경적 상황화'라고 함은 성경의 텍스트를 강조하면서도 현실의 상황을 충분히 인식하고, 그 상황 속에서 살아 있는 성경의 진리가 영향력을 미칠 수 있도록 하는 신학적 작업을 의미한다.[50] 다른 말로 하면, 복음의 메시지를 주어진 상황 속에서 연관성 있게 전달하는 것을 상황화라 할 수 있다.[51] 복음은 영감으로 된 것이지만 그것의 표현은 그렇지 않다. 그리스도의 성육신 자체가 상황화의 대표적인 형태라 할 수 있다. 하나님의 아들이신 예수 그리스도께서 우리 죄인들을 구원하시기 위해서 그의 거처를 우리 가운데 두셨다(요 1:14). 예배의식, 의복, 언어, 다양한 복음 진리의 표현 형태 등이 상황화 되어질 수 있는데, 이 때 상황화의 원리를 잘 숙지하는 것이 필요하다. 월터 카이저(Walter Kaiser)는 성경의 다양성과 일치성의 원리에서 다음과 같이 6가지를 소개하고 있다.[52]

(1) 어떤 특정한 상황 속에서 이루어진 문화적인 명령, 관습, 역사적 실천 요소들은 그 상황 안에서만 의미가 있는 경우가 있으나 하나님의 불변의 성품 속에서 명령된 것은 변함이 없다.

(2) 문화형태는 변하지만 원리는 변하지 않는다. 요 13:12-16에 나타난 발

---

50 김성태, 『성경적 상황화 신학』 (서울: 총신대학교 대학원 석·박사 강의안, 2015), 6.

51 Byang H. Kato, *Biblical Christianity in Africa* (Ghana: Africa Christian Press, 1985), 23.

52 김성태, 『성경적 상황화 신학』, 8-9.

씻어줌의 원리가 한 예다.

(3) 하나님의 도덕적 성품에 어긋난 것으로서 부도덕의 죄들(예, 음란과 살인)에 대한 성경의 심판은 변함이 없다.

(4) 하나님의 창조 원리(예, 가정관계, 부부문제, 정부의 권위)에 어긋난 것은 용납되지 않는다.

(5) 특정상황에서 특정한 사람에게 부여하신 하나님의 뜻은 바뀌어 질 수 있다.

(6) 성경에서 청결법과 음식물에 관한 법은 바뀔 수 있다. 예로서, 막 7:19; 행 10:15; 상하 8:64; 대하 4:1 등이다.

아프리카에서 상황화는 매우 필요하다. 효과적인 상황화를 위해서 다음과 같은 과정이 필요하다.[53]

● 해결되어야 할 문화적 문제가 무엇인지 규정한다.
● 이 문제에 대해서 성경이 무엇을 말하는지 결정한다.
● 이 문제에 대해서 문화는 무엇을 말하며, 왜 그렇게 말하는지 확인한다.
● 이 문제에 관하여 성경적 상황과 문화적 상황의 유사성과 상이성을 결정한다.
● 이 문제에 관하여 성경이 지역 문화에 대해서 말하는 바를 어떻게 적용할지 결정한다.
● 이 문제에 대한 하나님의 관점을 받아들이기 위해서 그들의 세계관과 믿음을 어떻게 바꾸어야 할지 결정한다.
● 이 문제에서 하나님의 뜻을 행하기 위해서 부족 사람들이 행동을 어떻게 바꾸어야 할지 정한다.

---

53 Wilbur O'Donovan, *Biblical Christianity in African Perspective* (Carlisle, UK: Paternoster Press, 1996), 6.

- 부족 사람들이 변할 수 있도록 도울 수 있는 것이 무엇인지 결정한다.
- 부족민들이 이 문제를 다루기 위해서 필요한 변화를 선택할 수 있도록 교회가 전략을 가지고 돕는다.

VI. 나가는 말

아프리카 전통종교는 종교 그 이상이다. 인간의 모든 상황을 아우르며, 사회 전체를 주관하는 우주적인 틀이다. 이것은 조상들의 땅과 주변의 자연과 자연의 소산물들과 긴밀하게 연계되어 있다. 전통적으로 아프리카인들에게는 요람에서 무덤까지 이어지는 삶 전체가 종교인 것이다.

이슬람이 사하라 이남 아프리카인들에게 전파되었을 때, 그들은 수 세기 동안 공동체에 속하고자 하는 열망이 있었다. 그들은 이슬람에서 공동체의 환상을 보았고, 쉽게 이슬람을 받아들였다. 그 과정 또한 어렵지 않았다. 이름을 바꾸고, 증인 앞에서 몇 문장을 암송하고, 그것을 그의 신앙으로 고백하면 무슬림이 될 수 있었다. 아프리카인들이 무슬림 공동체에 속하기 위해서 아프리카 전통종교를 버려야 하는 단절은 없었다. 아프리카 전통종교인으로서 무슬림 공동체에 속할 수 있었다.

기독교를 받아들이는 과정도 그와 흡사했다. 아프리카인들은 기독교에서 요구하는 몇 가지 예식을 지키고 참여하면 물질과 명예와 지역개발을 보장받을 수 있었다. 필자가 아프리카에서 사역하는 동안 현지교회 지도자들을 통해서 가장 많이 들은 말 중에 하나는 "아프리카 교회는 그 넓이가 수 마일이지만 그 깊이는 일 인치입니다"라는 말이었다. 그들 스스로가 아프리카 교회를 진단하는 말이다. 다시 말하면, 기독교를 받아들인 아프리카인들은 많지만 그들의 삶은 변하지 않았다는 말이다. 들어가는 말의 예처럼 아직도 많은 아프리카 기독교인들이 전통종교를 통해서 삶의 중대한 문제들을 해결받고 있는 것이다.

필자는 사하라 사막 이남에서 사역하는 모든 선교사들에게 주어진 공통

과제가 있다고 생각한다. 선교사들은 아프리카인들의 세계관 속에 깊숙이 자리 잡고 있는 아프리카 전통종교를 겸손하게 관찰하고 배워서 성경적인 상황화를 실행해야 한다. 이것이 아프리카 교회의 넓이와 깊이를 같게 만드는 중요한 전략일 것이다.

● 참고문헌

김성태. 『성경적 상황화 신학』. 서울: 총신대학교 대학원 석,박사 강의안, 2015.

존 음비티. 『아프리카 종교와 철학』. 장용규 역. 서울: 지식을만드는지식, 2012.

Kato, Byang H. *Biblical Christianity in Africa*. Ghana: Africa Christian Press, 1985.

Mandryk, Jason. *Operation World*. London: Biblica Books, 2010.

Mbiti, John S. *African Religions and Philosophy*. London: Heinemann, 1971.

Moreau, A. Scott. Corwin, Gary R. McGee, Gary B. *Introducing World Missions*. Grand Rapids: Baker Academic, 2004.

O'Donovan, Wilbur. *Biblical Christianity in African Perspective*. Carlisle, UK: Paternoster Press, 1996.

Pew Forum on Religion and Public Life. *Tolerance and Tension: Islam and Christianity in Sub-Saharan Africa*. https://www.pewforum.org/docs/?DocID=524, accessed Nov. 15, 2015.

Stamer, Josef. "Islam and African Tradition," http://www.afrikaworld.net/afrel/islam-afritradition.htm, accessed Nov. 28, 2015.

Turaki, Yusufu. "Africa Traditional Religious System as Basis of Understanding Christian Spiritual Warfare," Lausanne Movement Content Library. https://www.lausanne.org/content/west-african-case-study, accessed Nov. 28, 2015.

Walt, Van der. *Man and God: The Transforming Power of Biblical Religion*. Potchesfstroom: Potchefstroomse Universiteit, 1997.

"We have no more cheeks to turn": Discourses of Terror among Christians and Muslims in Kenya and their Effects on Interfaith Relations*

Joseph Wandera**

\- I do not argue that the discourses by religious leaders did influence interfaith relations; rather my argument is that their utterances can influence relations and in many ways, reflect views prevalent among members of the public at a particular time, on a particular issue.

— Dr Joseph M. Wandera is a Senior Lecturer in the Department of Religion, St Paul's University, Kenya. He teaches courses in Islam and Christian Muslim Relations, and mission studies. Dr Wandera is also the Coordinator of the Centre for Christian Muslim Relations (CCMRE) in Eastleigh, Nairobi. He obtained his PhD in Religious Studies at the University of Cape Town on the thesis *"Public Preaching by Muslims and Pentecostals in Mumias, Western Kenya and Its Influence in Interfaith Relations"*. Dr Wandera's contact is wandera@spu.ac.ke

● **ABSTRACT**

Joseph Wandera

Christian Muslim Relations in Kenya are constantly 'fluid and in flux' and are influenced by a variety of factors. Today, the most daunting challenge on Christian Muslim relations in Kenya is the spate of sustained terror attacks carried out by Islamist militants over the last few years. Based on Christian leaders' statements, official reports from key religious leaders in Kenya and media reports, this article analyzes the nature of Christian discourses on terror attacks and their possible effects on Christian Muslim relations. The article differentiates among leaders from various Christian groups in the country, arguing that they were far from unanimous in their approach to these tragic attacks. The Church's role was fundamental in the fight for political pluralism and against state excesses. However, in the wake of new challenges such as terrorism the leaders of some Churches now follow the new Churches in promoting a sectarian approach in public life. Such leaders have demonstrated strong anti- interfaith dialogue sentiments currents. The article has several sections. First, it takes into account the influence of Kenya's history by providing a historical context of Islam in Kenya, showing how this has impacted on Christian Muslim relations. Second, it provides an overview of recent attacks describing some Christian responses. Finally, the article critically reflects on the effects of Christian discourses on interfaith relations. The article argues that Christian discourses were heterogeneous, not homogenous. The discourses reflected variety but in some few cases, sameness and shifting tendencies. From recent history of the Churches involvement in the public space, religious groups across Kenya played a constructive and important role in the development of a broad- based movement for constitutional change. Nevertheless, in the discursive environment of the terror attacks, religious leaders vilified Muslims, while other periods, they seemed more tempered in their pronouncements. Their conversations in the present context of terror , points to the possibilities as well as limitation of religious engagement in the public sphere. The article deploys a critical discourse analysis in order to demonstrate that while some of the discourses are positive and contribute towards building better interfaith relations, others contribute to tension and hinder positive relations.

I . Introduction

It has been observed that the twentieth century was the most violent in history.[1] In the twenty first century, we continue to experience the legacies of genocides, while acts of violence confront us. Incidents of violence with religious, ethnic, or sectarian dimensions appear to be on the increase in the 2010's. This is reversing the overall trend of a steady decline in armed conflict more generally, and identity based conflict more specifically, that characterized the post-Cold war era.[2] In 2014 alone, violence along identity lines in Iraq and Syria, the Central Africa Republic, Myanmar, and Ukraine captured media headlines, presenting troubling scenarios of mass atrocities. During such tragic moments, a once assumed sense of peace and peaceful co-existence is damaged and is replaced with deep tensions and conflict along religious, sectarian, or ethnic lines.

Kenya, like many countries in the world, is struggling with the intricate challenge of terrorist attacks. These attacks could be understood through the lenses of international, regional and local networks, including *Al Qaeda*, the Islamic State of Iraq and Levant (ISIL), *Boko Haram* and *Al Shabaab*. As a frontline state in the war against terror in the Horn of Africa, Kenya has suffered numerous attacks during the last decade. These attacks have dramatically risen after Kenya deployed its Kenya Defense Forces to Somalia in October 2011 in a coordinated operation dubbed Operation *Linda Nchi* (Swahili for secure the country) against *Al-Shabaab* group of insurgents

---

1   See R.J. Rummel, *Death by Government* (New Brunswick, NJ: Transaction Publishers, 1997).

2   Fletcher D. Cox, Catherine R. Osborn, and Timothy D. Sisk, Religion, Peace building, and Social Cohesion in Conflict-Affected Countries, Research Report, www.du.edu/korbel/sie/media/documents/faculty_pubs/sisk/religion-and -social-cohesion-reports/rsc-researchreport.pdf accessed on 11th December 2015.

in Southern Somalia. Through this military operation, the Kenyan government hoped to dismantle the capacity of *Al-Shabaab* to launch attacks in Kenya. Since then, spates of attacks has destabilized a swathe of Kenya's rural counties bringing terror right into Nairobi, Kenya's capital with over six million inhabitants. The most notable attacks include; the September 2013 Westgate Mall attack in which sixty seven people were killed, June 2014 attack in Lamu, Mpeketoni which led to sixty eight deaths, November bus attack in Mandera that led to the death of twenty eight people, December 2014 attack in Mandera in which thirty six quarry workers were killed and the April 2015 attacks in Garissa University College in which one hundred and forty eight students died. During the Garissa University College attack, *Al Shabaab* claimed responsibility stating that the attack was a response to Kenya's continued occupation of Muslim territory. The militants took several students hostage, freeing Muslim but withholding Christians.

As violence and insecurity has spread, so has fear and ethnic, religious and regional divisions and profiling. For example, in Eastleigh, Kenya's busy suburb inhabited mainly by Somalis, there were reports of xenophobic attacks upon Somali by non-Somalis, after a grenade exploded in a Kariobangi bound *matatu* (taxi) killing several people and injuring others, and shattering the otherwise quite fragile community relations by sparking off interethnic violence against the dominant Somali group in Eastleigh.[3]

There is often an assumption that religious actors speak with one voice and can help stem hostilities. The article, therefore, examines the discourses of selected leaders within the church. The leaders cited are selected because their voices were most vocal in commenting on the crisis. The leaders also

---

3   Lordrick Mayabi, Inter-ethnic clash in Nairobi after bus attack, Capital News, Nairobi,
     Kenya.www.capitalfm.co.ke/news/2012/11/inter-ethnic-clashes-in-nairobi-after-bus-blast/accessed
     on 11th December 2015.

preside over extensive congregations and so have significant influence within the society. The article demonstrates that every religious tradition expresses "multi-vocality". Therefore, the article demonstrates the existence of social differentiation within the Kenyan Church and also between the Christian leaders and their Islamic counterparts. However, there is a clear trajectory evident in some of the responses by the Church leaders, one that illustrates the general sectarian approach by some Church leaders in the public sphere which may impact negatively on interfaith relations. Based on the above analysis, the article argues that religion can be highly ambivalent and can inform social exclusion or cohesion under various conditions and within various contexts.

Christian responses to the attacks become more salient when placed within the larger history of public engagement with the state and public life. While numerous studies have been done on terror attacks globally and locally, very few have critically focused on the responses of Christian religious leaders on the phenomenon and its effects on Christian Muslim Relations.

II . Discourse Analysis

In academia, religion has been studied as system of symbols that exists independently of actors, thus generis.[4] However, more recently scholars of religions are paying increasing attention to individual actors, and significantly, to the dialectical relationship between systems and actors.[5] In this

---

4   Clifford, Geertz, C 1973. *The Interpretation of Culture.* (New York: Basic), 470.

5   Talal Asad, 1993. *Genealogies of Religion. Discipline and Reasons for Power in Christianity and Islam.* (Baltimore, MD: John Hopkins University Press).

contribution, the focus is on individual religious actors (leaders) within a discourse. The main objective is to gain insight into the relationship between religious discourse and interfaith cohesion. As artifacts of a political culture, discourses reveal prevalent public opinion on a particular issue with direct or indirect effects to members of the society.

The article shows that discourses within the Church on terror attacks centered on key themes such as attacks as a *Jihad* by Muslims against Christians and perceptions by some Christian leaders to the effect that Muslim religious leadership lack of commitment to interreligious relations. Such discourses lend themselves to considerable fragmentation between Christians and Muslims. However, there were also alternative narratives, which approached terror attacks in a more objective way, seeing them as products of some misguided criminal persons not religious players. Such discourses attempted to give a story of hope towards better interreligious relations. The analytic premise assumes that the way individuals speak about others creates and recreates their own social reality and how they view others. In other words, the construction of society gives expression to the articulation of differences, rendered as generalized meanings though only within specific symbolic systems. In that sense, discourse (language) is a form of social praxis and an agent of social transformation. The critical discourse perspective provides a framework within which to address the lingual-cultural ideas and practices that generate disharmony.

III. Locating Kenya

Kenya shares a 682-kilometre border with Somalia.[6] The political in-
stability in Somalia, triggered by the collapse of the government in 1991,
greatly impacted on the political and economic situation in Kenya.[7]

Demographically, Kenya's population is roughly 40 million people, of
which 45 percent live below the poverty line (World Bank, 2010). Religious
demographics are a highly contested question, with Muslims claiming that
government figures underestimate the figures in order to undermine their
presence in the country. Although the country is predominantly Christian,
a substantial and vocal minority are Muslims. There are various estimations
given on the number of Muslims in Kenya, but it ranges from a conservative
10-15 percentage to around 20 percentage.[8] Today religious demographics
are not undertaken during national census. Other religious groups repre-
sented in Kenya include: African Traditional religions, Hinduism, Bahai,
and *Sikhism* among others.

Kenya is also country of great ethnic, linguistic diversity. However, eth-
nic, national groups such as the Nubian and Somali minorities often claim
marginalization in political representation and resource allocation. Somali
Kenyans have historically inhabited the northern Eastern province bordering
the present day Somalia. Contestation on whether or not the north Eastern
province of Kenya should continue to be part of Kenya have occupied Ke-
nya's relations with Somalia, and Somali ethnic group until today. Emma

---

6   Thembisa Fakude, Can Kenya avoid a Sectarian Conflict?
    http://studies.aljazeera.net/en/reports/2015/05/2015514124231134280.htm accessed on 12th De-
    cember 2015.

7   Ibid.

8   Arye Oded, 2000, *Islam and Politics in Kenya*, 1.

Lochery in an article entitled " Rendering Difference Visible: The Kenyan State and It's Somali citizens", has examined the history of Somalis in Kenya through the lenses of a screening exercise organized by the government in 1989 austensibly to distinguish citizens from non-citizens.[9] especially in the early period of Kenya's independence. Lochery, further argues that "⋯ dynamics of inter-ethnic and intra-ethnic competition shape the production of citizenship in Kenya".[10] In this frame, Kenya's Somalis claim difficulties in accessing citizenship papers compared to the rest of Kenyans.[11] Although from time immemorial ethnic suspicion, tension and conflict have doted Kenya's history, this has increased in recent years occasioned by a variety of factors such as political and economic decline. Linguistic minorities such as Terik, Sengwer and Suba are challenged by the near extinction of their languages.

IV. Muslim Christian Encounters in Africa

Muslim-Christian encounters in Africa south of the Sahara from the fifteenth to the twentieth centuries could be characterized as encounters between European Christians and Muslims[12] these encounters were adversarial and competitive in nature with each grouping seeking for political domi-

---

9 Emma, Lochery (2012) "Rendering Difference Visible: The Kenyan State and It's Somali Citizens," *African Affairs* (Oxford University Press) (see also, Murunga, 2012:473), among others.

10 Emma, Lochery (2012) "Rendering Difference Visible: The Kenyan State and It's Somali Citizens," *African Affairs* (Oxford University Press), 3.

11 Emma, Lochery (2012) "Rendering Difference Visible: The Kenyan State and It's Somali Citizens," *African Affairs* (Oxford University Press).

12 John Azumah, " The Church and Islam in Africa", *EID* 2:3 (2011): 3-5.

nance, commercial interests, and converts.[13] This general approach towards Muslims had far reaching effects on Christian Muslim relations until today.

There were trading contacts between East Africa and Western Asia even before the coming of Islam. The East African Coast formed part of the western section of the Indian Ocean and was an important destination in the monsoon-based trade.[14] It was in this context that Islam entered the coast of East Africa. Archaeologists have discovered the presence of a mosque and Muslim burial sites at Shanga in the Lamu archipelago (off the eastern coast of Kenya) dated between 780 and 850.[15] Trading activities at the Coast reached a climax between 1000 and 1500.[16] By 1300 Islam transformed and incorporated the East African coast into the Islamic religious and cultural world. When Ibn Battuta visited the town during the fourteenth century, Kilwa, one of the Swahili towns at the Coast was occupied by Muslims and ruled by a Sultan.

The broader context of the entry of the Portuguese at the Coast was partly the competition between Christians and Muslims at the Coast. The Portuguese were inspired by Henry the Navigator's goal of taking over Muslim lands. The Portuguese resented this encounter and regarded the Christians as "infidels". Thus, according to Baur "···encounters between Portuguese and Arabs on both side of the Indian Ocean took place in the spirit of crusade and *Jihad*, the holy wars of Christian and Muslims.[17]

---

13 Ibid.

14 Mark Horton and John Middleton, *The Swahili: The Social Landscape of a Mercantile Society*, (Oxford, UK:Malden, Mass: Wiley-Blackwell, 2001), 72-78.

15 R.L Pouwels, "The East African Coast C. 780 to 1900 CE," in *The History of Islam in Africa*, ed. Nehemia Levtzion and Randall L Pouwels (Athens: Ohio University Press, 2000), 251-71.

16 Ibid; 253.

17 John Baur, 2000 Years of Christianity in Africa: an African History, 62-1992 (Boston, MA: Pauline Publishing House, 1994), 86.

Christian-Muslim encounters during the second phase of missionary work in East Africa were similarly disputatious between agents of the two traditions, interspersed some with some moments of mutuality. Dr Johann Ludwig Krapf, a Lutheran from German working with the Church Mission Society (CMS), arrived at the Palace of the Sultan of Zanzibar in 1844 and moved to Mombasa "to convert the unbelieving world".[18] Although the CMS was the first of the modern mission organizations to work on the East African Coast in 1874, it has no intention of working among Muslims, nor did it mention Islam as a motivation for its desire to work with the people of the interior. This was largely due to the fact that the members of the mission thought that Islam in the region was stagnant and posed no threat to their work. As the organization expanded inland, and as missionaries observed Muslims in the region, its attitude and strategies towards Islam started to shift towards a more proselytizing approach. By the turn of the 19th century, concern over the growth of Islam had become one of the main motivations for mission work in East Africa. By 1890's, a clear change in strategy and rhetoric concerning Islam had taken place. During the 20th Century the missionaries regarded Islam as a serious threat to the spread of Christianity that needed to be curtailed. This general approach to Islam was to later characterize discourses and relations between Christians and Muslims in many parts of East Africa including Kenya.

One of the first observations made by scholars is that Muslims are marginalized in the body politic of Kenya in a variety of ways. Others scholars have confirmed that Muslims have been marginalized through Kenya's history but from a different perspective.[19] Kresse, for example points out Moi'

---

18   Baur, 2000 Years of Christianity in Africa, 224.

19   Kresse Kai 2009. "Muslim Politics in Post- Colonial Kenya: Negotiating Knowledge on the Dou-

s threat to Muslims in the early 1980s to eliminate the *Kadhis* courts. Other scholars have confirmed this marginal position of Muslims, but have on the other hand noted how some Muslims derived benefits from the post - colonial state. For example, Constantine has documented a common pattern of Muslim accommodation to post- colonial East African states.[20] During the reign of Kenya's second President Daniel Arap Moi, Christian symbolism was used to inscribe the country and support his authoritarian rule. In this national imaginary, religious minorities could not be accommodated.[21] It was a common scene to view the then President attending Church service each Sunday, sometimes even commenting on spiritual and social questions using the Bible after the worship services. It was also common to hear the President frame the Muslim community as "slave" merchants. Ironically, Moi's tenure as President was also characterized by economic decline, infrastructural collapse and ethnic and religious suspicion and tension pushing the vast majority of Kenyans into socio-economic and political slavery.

There have also been studies on the more recent developments since the 1990s showing how the global revival of Islam has impacted noticeably on Kenyan Muslims. An assertive approach to politics challenged the politics of accommodation led by SUPKEM.[22] There is also greater observe by Muslims of religious practices such as prayer. Nairobi, Kenya's capital and its suburbs are dotted with numerous mosques which frequently amply the

ble-Periphery," *Journal of the Royal Anthropological Institute*, 15, 76-94.

20 Constantine, Francois, 1993. "Leadership, Muslim Identities, and East African Politics: Tradition, Bureaucratization and Communication," In *Muslim Identity and Social Change in Sub-Saharan Africa*, Ed. By Louise Brenner, 36-58. (London: Hurst & Company).

21 Al Amin Mazrui, 1993. "Ethnicity and Pluralism: The Politicization of Religion in Kenya," *Journal of Muslim Minority Affairs* 14 (1): 191-201.

22 Oded Arye, 1996. "Islamic Extremism in Kenya: The Rise and Fall of Sheikh Khalid Balala," *Journal of Religion in Africa* 26 (4): 406-15.

Muslim calls to prayer.

The focus of this study turns its attention on Christian Muslim relations in Kenya in the wake of the tragic terror attacks. It analyses the ensuing discourses mainly among Christian leaders and the attendant effects on Christian Muslim Relations in Kenya.

Ⅴ. Churches as Targets of Attacks

An outstanding dimension of the attacks has been their focus on churches. This particular dimension shocked many Kenyans, both Muslims and Christians because, apart from markets, the local churches represent the common meeting places of citizens. They are considered safe and open to everyone. Today most churches in major cities in Kenya have invested heavily in security surveillance as a result of the incessant attacks by Islamic terror groups.

A brief overview of some recent attacks on churches will suffice. On Sunday, 29th April 2012 around 8.30 am, terrorists attacked God's House of Miracles Church at Ngara Estate, Nairobi. One person died while eleven were admitted at Kenyatta National Hospital. On September 30, 2012, a nine year old boy John Ian Maina suffered fatal injuries in an explosion that rocked the Anglican Church of Kenya, St Polycarp Parish on Juja Road in Pangani area (Sunday Nation, September 30 2012). In July 2012, masked gunmen attacked two churches (the Central Catholic Cathedral and African Inland Church) simultaneously in *Garissa*, located approximately a hundred and forty kilometers from the Somali border. The assailants gunmen threw grenades and fired at fleeing worshippers killing seventeen people and left fifty injured. The assailants also shot and killed two police officers who had been posted at the

Church's door because of several recent attacks in *Garissa*. In March 2014, four people were killed by terrorists at Joy in Jesus Church. According to one of the worshippers "the attacker armed with AK 47 rifle killed the 60 year old guard at the door before proceeding on to shoot other Church members seated on plastic chairs" (Sunday Nation, March 23, 2014). In is in this context that Christian leaders began to speak out, condemning the attacks but also expressing concern at what they saw as deliberate targeting of Christians in these attacks by Muslims.

VI. "We have turned the other cheek, but now the cheeks have run out": Narratives and the construction of the "other"

The phenomenon of terror attacks has showed and also exacerbated the deep suspicion and tension among some Christians and Muslims in Kenya today. The most disturbing characteristic of contemporary Christian-Muslim relations are those attitudes that are prejudicial to the other. For example, today there is prevalent popular assumption that associates Muslims with violence. In Kenya, prejudicial thoughts, ideas and expressions about Muslims are evident in the public spheres. For example many Christians commenting on the terror attacks frequently ask "how come all terrorists profess the Islamic faith?", "How come only Christians were killed during the attack?"

However, the events of terror have also led to differences among Christian and Islamic traditions, with religious leaders within the same traditions, sometimes holding varying positions on the challenge of terror same, and also changing their positions. The seeming injunction by religious leaders to extra biblical measures such as them being given guns and them seeming to undermine the central Christian teaching of "turning the other cheek" was striking in its similarity to the securitization theory employed by secular governments during moments of crisis. The theory is the product of some of the leading theorists of the so called Copenhagen School such as Ole Waever and Barry Buzan who generally defined securitization as a successful speech act 'through which an intersubjective understanding is constructed within a political community to treat something as an existential threat to a valued referent object, and to enable a call for urgent and exceptional measures to deal with the threat'.[23] In this securitization frame, religious leaders to resorted to extraordinary, even extra- biblical measures as a response to the attacks. Ironically the frustration of Church leaders expressed through their appeal to extra-canonical resources to meet the challenge of terror paralleled neatly with the concerns raised by human rights activities to the effect that in the wake of terror attacks, the government was resorting to extra-judicial killings, unlawful arrests, and renditioning. While, for example, the Kenyan National Commission on Human Rights (KNCHR) put it in a recent report entitled "The Error of Fighting Terror with Terror" the fight against terror must be guided must be "…pursued in compliance with the law and with the utmost respect for the rule of law, democracy, human rights and fundamental freedoms",[24] some Pentecostal religious leaders have called upon the government to provide them with guns for security, while other appeared to turn down the biblical injunction to "turning of the other cheek"

The rhetorical statement "We have no more cheeks to turn" attributed to the General Secretary of the National Council of Churches of Kenya (NCCK)

---

23 Buzan, B., &Wæver, O. (2003). Regions and powers: Summing up and looking ahead. *The Structure of International Security Regions and Powers*, 445-460.

24 Article 238 (2) b of the Constitution quoted in " The Error of Fighting Terror with Terror" Preliminary Report of KNCHR Investigations on Human Rights Abuses in the Ongoing Crackdown against Terrorism, September 2015.

was an apt representation of the deep anger and frustration of some church leaders at what they viewed as incessant and well planned campaign against Christians.

In the wake of the attacks on Garissa University College, some church leaders in Kenya accused Muslim scholars of half- hearted responses in condemning radicalization. Evangelical leaders and other mainline protestant churches allied to the National Council of Churches (NCCK) issues a joint statement:

> The attack was committed by people professing the Islamic faith, but we have noted a marked indifference by the Muslim leadership to addressing the challenges of Islamist radicalization in the country in a forthright manner (Bishop Julius Wanyoike, Anglican Church of Kenya).

Reading from the same statement, the General Secretary of the National Council of Churches of Kenya, Canon Peter Karanja appealed literally to a biblical text (Luke 6:29, Matthew 5:39) when he stated "We have often turned the other cheek, but with the massacre of Christian students at Garissa University College, the cheeks have run out" In effect, Canon Karanja appeared to be threatening to avenge the terror attacks. It was not clear though, whether the revenge would target *Al Shabaab* operators or Muslims in general. Not surprising a Christian commentator responded "Let them borrow some cheeks from Jesus"![25]

While one would be able to understand the broader context of the statement as an expression of the frustration of some Christian leaders in the wake of the attacks and perhaps their attempt to appeal to extra ordinary measures

---

25   Conversation with Caleb Likhanga, Nairobi, 6th December 2015.

to bring the attacks to an end. However, one would be concerned about the possible effects upon social cohesion, of these kinds of statements, deriving from coming from an influential church body in Kenya. While the deep anger of the moment, following the attacks was not in doubt, the general mood in the country should have helped religious leaders to tamper their public statements in order to contribute to calm and more important stem the ever threatening possibility of interreligious tension and violence. In commenting on tragic events of this nature, one is morally bound to walk the line between relaying meaning, and being sensitive to the social consequences of a particular utterance. While it is true that there are Muslims leaders who have not been outspoken against acts of terror, there are many who have roundly condemned the attacks. The central Christian doctrinal teaching on maintaining peace and not doing evil as a response to unjust treatment must never be compromised. This teaching has close resemblance within the Islamic tradition to *amr bil ma'aruf nahy anil munkar* ⋯ enjoining what is good and forbidding what is evil".[26]

In another statement released by the "Christian: Leaders' Consultative Forum after a one day consultative forum on terror, published on 15th April 2015, entitled "Standing with the Christian Faith", delivered by among others, the General Secretary of NCCK Canon Peter Karanja, Bishop Mark Kariuki of the Evangelical Alliance of Kenya (EAK), Fr Charles Odira (KCCB), the leaders stated "It is naive for anyone to imply that the so-called terrorism in Kenya is anything other than *Jihad* against Christians."[27] Once again this

---

26 Cook, Michael, 2001, *A Commanding right and forbidding wrong in Islamic thought,* (Cambridge University Press).

27 Christian Leaders Consultative Forum Press Statement, Press Statement: Standing with the Christian Faith,
www.ncck.org/newsite2/index.php/information/news/389- Christian -leaders-consultative-forum-press- statement accessed on 7th December 2015.

was an irresponsible statement coming from the evangelical leadership in Kenya that could easily have led to violent encounters between Christians and Muslims. The leader's interpretation of *Jihad* in purely militaristic terms was an attempt to frame Islam as a violent religious tradition. It overlooked the spiritual meaning of *Jihad* evident in the Quran and the teaching of Muhammad.[28]

The Christian Leaders further noted that "⋯all the attacks have been committed by people professing the Islamic faith". While noting what they acknowledged what that they saw as Christian extending of "⋯hand of fellowship to our Muslim brothers and sisters" through "forthright and rational" approaches to interreligious issues in sectors such as peace work and security in Kenya, the Christian Leadership, nevertheless, in their statement pointed out what they framed as "⋯a marked lack of commitment by the Muslim leadership to expose those with links to the *Al Shabaab* and other terror groups". They argued, therefore, that this was a clear indication that the Muslim leadership "⋯know more than what they are actually willing to reveal".[29] The above statement was given by Christian leaders even as elsewhere, the call for the government to provide guns to pastors for security reasons was led by some Pentecostal pastors in Kenya's Mombasa City.

Following the terror attacks, incendiary and irresponsible discussions from some Christian circles became common place. The utterances were also a direct rejection of their founder's teaching. On the whole consistent with nineteenth and twentieth century approaches towards Muslims , these statements were at best condescending and at worst condemning devoid with a spirit of

28 See, Shaheen Ali and Javaid Rehman, 2005 The concept of *Jihad* in Islamic International Law, Journal of Conflict and Security Law, vol 10.3, 321-343 doi:10.1093/jcsl/kri 017 Accessed on 12th December 2015.

29 Ibid.

friendship and solidarity at such trying moments. As Hassan Mwakimako notes

> Prejudice has persistently contributed to historical antagonism and imbued contemporary encounters with animosity, making Christian-Muslim relations gradually slip into mutual distrust and protectionism[30]

While in general, mainline Protestant and Catholics leaders who participate in interreligious gathering tended to be more tempered in their statements and generally had a more gracious attitude towards Muslim, leaders from the more Pentecostal traditions tended to be more harsh and judgmental of Muslims. However, there was also a shifting of positions, where leaders from mainline churches, who ordinarily tend to be very ecumenical in their outlook, at the most trying times, slipped in a different mode of engagement that seemed less than charitable.

VII. Alternative Voices

> You show that you are a letter from Christ delivered by us, written not with ink but with the Spirit of the living God, not on tablets of stone but on tables of human hearts (2 Corinthians 3:3).

Living letters are human face of inter-religious relationships. Not all Christian leaders and certainly not all Christians were in agreement with the calls for arming

---

30 Hassan Mwakimako, Christian-Muslim Relations in Kenya: A Catalogue of Events and Meaning, in Islam and Christian Muslim Relations,18,2,287-307 www.tandfonline.com/doi/pdf/10.1080/09596410701214266 accessed on 12th December 2015.

of pastors with guns. Similarly, in the face of the terror attacks, not all Christians expressed inability or perhaps-impracticability to uphold the Biblical injunction of "turning the other cheek". There were many Christians who restrained themselves from framing the attacks as violent *Jihads* targeting Christians. Instead, such leaders made a deliberate choice to be conciliatory, demonstrating that even during the most trying moments, friendship was possible. Such leaders a helped shape positive perceptions of Christians towards Muslims and vice versa. It is to those voices that we now turn our analysis.

Catholic Archdiocese vicar-general Fr Wilybard Lagho and a section of Muslim Clerics in Mombasa distanced themselves from the call to arm religious leaders, arguing that this would be counterproductive. Instead, Fr Lagho appealed to Christian religious leaders to use what he termed as "inclusive language' while preaching to promote religious cohesion.[31] "We do not support the Redeemed Church's request to the government to arm Christian preachers with Christian teaching", said Fr Lagho, pointing out that de-radicalization of militant religious extremism should be the main concern. Such statements from religious leaders attempted to move beyond the immediate tragedy of the moment and interrogate possible underlying motivations for the attacks.

Despite of the attacks in Garissa, the Coadjutor Bishop of the Catholic diocese of Garissa, Bishop Joseph Alessandro emphasized the good relations between Christians and Muslims in Garissa, citing various initiatives toward peaceful coexistence prior and after the terror attacks. Unlike the earlier statement from evangelical church leadership and the National Council of Churches of Kenya, the Catholic Bishop deliberately pointed out the efforts Muslim leaders in Garissa were making in reaching out to the Church to express solidarity with those affected by the attacks.

---

31 Catholics oppose call to arm preachers , Daily Nation, Monday, November 4, 2013, mobile.nation.co.ke/counties/Catholic-oppose-call- to-arm-preachers/-/1950480/2058620 accessed on 7th December 2015.

Saturday morning, the Chairman of Supreme Council of Muslims, came together with one Imam to our compound to show solidarity with the Catholic Church and told us that as leaders of Supreme Council of Kenya Muslims (SUPKEM), they were against the attack[32]

In focusing upon positive interreligious engagements, the Bishop demonstrated alternative more constructive approaches in interreligious dialogue. He deliberately choose not to frame negatively the entire Muslim faithful and instead focused on the positive gestures of friendship and solidarity extended by the Muslims. The teaching of the second Vatican Council that strongly encouraged interreligious relations might explain the comparatively charitable attitude that emerged from the leadership at this time.

It is no longer sufficient for members of various religious traditions to merely talk about their respective beliefs. Practical joint gestures of good will can go a long way towards building bridges. There have other symbolic gestures of friendship and solidarity between Christian and Muslim leaders following terror attacks. For example, in an event organized by the Interreligious Council of Kenya, a coalition of all major faith communities in Kenya together with the council of Imams and Preachers of Kenya, Church leaders from around Nairobi, on a Friday joined Muslims during prayers at *Jamia* Mosque, arguably the largest Mosque in Kenya. The leaders came from a broad range from protestant Churches, including the Seventh Day Adventist, the Calvary Covenant Centre. This was an effort aimed at bolstering the relationship between the two faiths. During this visit, the Christian leaders were first taken on a tour of *Jamia* Mosque and later observed the Friday prayers from a place reserved for them. Later the shared lunch together with their Muslim hosts. They

---

32 Fr Don Bosco Onyalla, Bishops in Kenya Emphasizes Good Relations between Christians and Muslims after Varsity Terror attacks, 09 April 2015 www.canaafrica.org/index.php?option=com_content&view=article&id accessed on 10th December 2015.

agreed to visit each other's places of worship in order to express solidarity in fighting intolerance among their adherents.[33] In statement to media, an official of *Jamia* Mosque stated "Our brothers and sisters are here as a gesture of cooperation and understanding that should exist between us. Where there is understanding, there is tolerance"[34] From this visit and symbolic gestures from Christian and Muslim leadership one can begin to understand how in the words of Pope Francis:

> Meeting each other, seeing each other face to face, exchanging the embrace of peace, and praying for each other, are essential aspects of our journey ⋯ All of these precedes and always accompanies that other essential aspect of this journey, namely, theological dialogue. An authentic dialogue is, in every case, an encounter between persons with a name, a face, a past, and not merely a meeting of ideas[35]

Through visiting *Jamia* Mosque, the Christians sent a powerful message of the Church's esteem for the followers of other religions and strengthened bonds of friendship. Practitioners in the field of peacemaking have pointed out the importance of dramatic action for reducing conflict. In this frame, the transformative nature of the action of extending your hand towards your enemy real or perceived inspires the other to rethink their feelings toward you.

Positive discourses from the Muslim leadership was also evident. The Council of Muslim Scholars in Kenya appealed for restraint, urging Kenyans not to be divided

33 Jeremiah Kiplagat, Church leaders now visit city mosque for prayers, Friday, September, 10, 2015. www.nation.co.ke/news/ Church-leaders-now-visit-mosque-for-prayers/-/1056/2876586/-/drm-le7z/-/index.html accessed on 10th December 2015.

34 Jeremiah Kiplagat.

35 Pope Francis: I seek communion with Orthodox Churches, http://en.radiovaticana.va/news/2014/11/30/pope_francis_i seek communion _ with_ orthodox_ churches/1113017 accessed on 10th December 2015.

along religious or ethnic lines. The Muslim scholars called upon the government to move fast and address the factors which precipitate radicalization, for example, discrimination, unemployment, historical injustices, marginalization, corruption and harassment by police and other state security agencies. The Council of *Imam* and Preachers of Kenya secretary-general Sheikh Mohamed Dor asked the leaders to relinquish their stand and critically examine insecurity in Kenya.

> We are all victims because many of our clerics have been killed myste-
> riously. If the Church leaders' agitation for arms is based on the number
> of their killed colleagues, then Muslim leaders deserve priority", said
> Sheikh Dor.[36]

It is noteworthy that those Christians leaders whose sentiments were colored with charity were mainly those working in interreligious contexts, such as Garissa and Mombasa. It seemed that their statements may have been largely influenced by the plural reality on the ground and their close engagements with Muslims communities for longer periods. It is also possible that such leaders may have been more aware of the damage that adverse statements would have had on their ministries in Islam majority areas.

VIII. Analysis of Christian Discourses to Terror Attacks

The discourses analyzed illustrate a range of discussions among Christians in Kenya in the wake of terror attacks. It is not possible to generalize from these remarks to Kenyan Christians in general. Individual religious leaders do not necessarily repre-

---

36 Ibid.

sent their larger groups. An important perspective of this analysis, thus, is approaching the Christian leaders from the perspective of their individuality.

There were clear differences in the manner in which leaders from various churches discussed the tragic attacks. Even within the same faith tradition, there is evidence of variety in the way the leadership engaged with the phenomenon, sometimes demonstrating a divisive stance, while at other times appearing more conciliatory. Thus the relationship between religion and social cohesion is deeply contextual and constantly evolving.

On the whole, however, the discourses suggest strong feelings expressed in antagonistic posturing between Christians and Muslim representatives. Such discourses using various rhetorical strategies attempted to construct reality by establishing a polemic relationship between Christians and Muslims. They framed "Muslim" leaders as enemies of peace and uncommitted to interfaith relations. In order to achieve this, the leaders paraphrased biblical texts, using them in a new way. They also deployed media to publicize their statements to a wider audience.

However, there were other discourses that were more conciliatory and focused on building bridges between the two religious communities and who deployed speech, symbolic action such as visits to Mosques to build interfaith relations during the crisis.

The variegated nature of the discourses point to the fact that while religious groups in Kenya continue to play a constructive role towards better Christian Muslims relations, there are voices within the churches which clearly demonstrate the possible limitation of religious engagement in the public sphere. For example, the call for guns among other utterances by some Christian leaders, showed that religious leaders could not direct or guide the public deliberations in a positive way. Such voices, which command considerable following in the country, pitted Christians and Muslims in an adversarial way and can influence negatively the relations between members of the two traditions. Their rhetoric revealed, as much as it obscured, what Kenyans wanted in terms of security and better social relations. The discourses from some Christian leaders show that they regarded the public sphere as site of competition with Muslims. While Christians may continue to make a constructive contribution to public life, their efforts may also be limited by their desire to see their respective symbols dominate the public sphere. In a recent speech delivered at the Anglican, All Saints Cathedral, Kenya's Chief Justice Will Mutunga acknowledged the positive role of the Church during the fight for democratic space in Kenya. He argued:

> The mainstream Church in general and the Anglican Church in particular, together with the Law Society of Kenya, played a king-sized role in the opening of the democratic space in the 1990's that paved way for a new constitution.

However, Mutunga on the other hand pointed out also that the churches role:

> ···was inelegant in the two constitutional referenda in 2005 and 2010. It preyed and played on unfounded fears to rally against the constitution ··· The Church argued that we were introducing *Sharia* Law, and that Islam would take over simply because we retained *Kadhis* courts in the constitution. I have not heard of *Sharia* imposition in Kenya.[37]

Justice Mutunga's reflection captures the ambivalent role of the Churches in Kenya in civic engagement.

In the wake of divisive discourses, some Christian leaders offered alternative nar-

---

37 Willy Mutunga, The Church and Judiciary played a crucial role in fighting for a new order, Daily Nation, Thursday, August 27, 2015. www.nation.co.ke/oped/Opinion/Constitution-Church-Judiciary-Kenya/-/440808/2848844/-/smfqaj/-/index.html accessed on 9th December 2015.

ratives. While not overlooking the tragic effects of the attacks, in their approach, they called for calm and inclusivity within and between the Christian and Muslim communities. Beyond mere talks, they demonstrated through praxis their vision of an inclusive community arranging for joint visits to Mosques and Churches to stem suspicion and hostilities and build bridges for better relations.

IX. Towards a Biblical Response to Terror

The advocates of inter-religious dialogue are often told that they are naive idealists and that dialogue does not work when religious groups are set against each other, sometimes violently. Are there any biblical injunctions for Christians to extend a hand of friendship to their perceived foes even during violent times?

The New Testament appeals to believers to extend a hand of peace even in a context of violence directed at them. Indeed, the life and mission of Jesus can be understood as God's initiative towards a sinful and rebellious humanity. It is in this frame that Apostle Paul writes, "all have sinned and fall short of the glory of God" (Rom. 3:23). In Paul's own words again, "···While we were still sinners Christ died for us ··· While we were still enemies, we were reconciled to God through the death of his Son" (Rom. 5:8, 10). The initiative of God in the above biblical texts should form an important background for Christian responses towards violence. In it in this frame that in his letter to Romans, for example, Paul exhorts his Christian audience not to be trapped in a circle of violence and revenge, but instead to repay evil with good.

> Bless those who persecute you; bless and do not curse them. Rejoice
> with those who rejoice, weep with those who weep. Live in harmony
> with one another; do not be haughty, but associate with the lowly; do

not claim to be wiser than you are. Do not repay anyone evil for evil, but take thought for what is noble in the sight of all. If it is possible, so far as it depends on you, live peaceably with all. Beloved, never avenge yourselves, but leave room for the vengeance of God; for it is written, "Vengeance is mine, I will repay, says the Lord." No, "If your enemies are hungry, feed them; if they are thirsty, give them something to drink; for by doing this you will heap burning coals upon their heads." Do not be overcome by evil, but overcome evil with good. (Rom. 12:14-21).[38]

Peace cannot be built on the foundations of injustice. Indeed peace and justice are intimately related as dimensions of the biblical understanding of Shalom. Both point to right and sustainable relationships, not only within and between human communities, but also with the earth as God's creation.

Although from a historical perspective, the roots of Islamist terror groups are outside Kenya, especially Somalia, there is evidence that these group's philosophies appear to be gaining increasing acceptance among traditional African communities. Within the framework of Christian-Muslim Relations in Kenya, historical socio-political grievances that feed into strained relations between members of the two traditions. In some cases violent conflicts are the result of a degenerating relationship of injustice. Christians have a prophetic responsibility of speaking out against any forms of injustice wherever it may be found.

X. Conclusion

The attacks in Kenya presented both opportunities and limitations to Christian

---

38 New Revised Standard Version.

leaders in their responses. While the history of Christian Muslim encounters in Kenya is characterized by suspicion and competition, albeit with some moments of mutual collaboration, a similar mode of engagement was evident in the polarizing discourses by a section of Christian religious leaders. Such discourses might have material impacts on attitudes and actions among religious groups by drawing boundaries between members of the two traditions.

However, in a similar vein, Kenya witnessed voices of hope, extending a hand of friendship to the "other" even during such troubling times. It is such voices that members of the Christian Church are called upon to emulate as they struggle to emulate the example of Jesus himself who crossed barriers of hostility unto the cross. As argued earlier the discourses point to the intricate role of religious actors in Kenya's public sphere.

The persistence of attacks with religious undertones will continue to deepen hatred and mistrust among religious groups in Kenya. While religious groups in Kenya must continue to play a constructive role towards better Christian Muslims relations, there are voices within the churches which clearly demonstrate the limitation of religious engagement in the public sphere. Efforts to engage religious actors in conflict situations ought to bear in mind that religious actors operate in a myriad of ways ranging from a highly individualized and internal to the deeply communal, and from ideological to religio-ethnic modalities.

● REFERENCES

Ali Shaheed and Rehman. Javaid, 2005 "The concept of *Jihad* in Islamic International Law," *Journal of Conflict and Security Law*, vol 10.3, 321-343 doi:10.1093/jcsl/kri 017 Accessed on 12th December 2015.

Asad, Talal. 1993. *Genealogies of Religion. Discipline and reasons for power in Christianity and Islam*. Baltimore, MD: John Hopkins University Press.

Azumah, John. "The Church and Islam in Africa." *EID 2:3 (2011) : 3-5.*

4.Baur,John 2000 Years of Christianity in Africa: an African History, 62-1992 Boston, MA: Pauline Publishing House, 1994, 86.

Buzan, B., & O, Waever. (2003). "Regions and powers: Summing up and looking ahead." *The Structure of International Security Regions and Powers*. 445-460.

Cook, Michael, 2001, *A Commanding right and forbidding wrong in Islamic thought*. Cambridge University Press.

Constantine, Francois. 1993. "Leadership, Muslim Identities, and East African Politics: Tradition, Bureaucratization and Communication." In *Muslim Identity and Social Change in Sub-Saharan Africa*. Ed. By Louise Brenner, 36-58. London: Hurst & Company.

Cox, Fletcher D. Osborn Catherine, and Sisk,Timothy D Religion, Peace building, and Social Cohesion in Conflict-Affected Countries, Research Report, www.du.edu/korbel/sie/media/documents/faculty_pubs/sisk/religion-and -social-cohesion-reports/rsc-researchreport.pdf accessed on 11th December 2015.

Geertz, Clifford, C. 1973. *The Interpretation of Culture*. New York: Basic, 470.

Horton, Mark and Middleton,John, *The Swahili: The Social Landscape of a Mercantile Society*. Oxford, UK; Malden, Mass: Wiley-Blackwell, 2001, 72-78.

Kiplagat, Jeremiah. Church leaders now visit city mosque for prayers, Friday, September, 10, 2015. www.nation.co.ke/news/ Church-leaders-now-visit-mosque-for-prayers/-/1056/2876586/-/drmle7z/- /index.html accessed on 10th December 2015.

Kresse, Kai. 2009. Muslim Politics in Post- Colonial Kenya: "Negotiating Knowledge on the

Double-Periphery." *Journal of the Royal Anthropological Institute* 15 76-94.

Lochery, Emma. (2012) "Rendering Difference Visible: The Kenyan State and It's Somali Citizens." *African Affairs*, Oxford University Press.

Mayabi, Lordrick, *Inter-ethnic clash in Nairobi after bus attack*, Capital News, Nairobi,

Mazrui, Al Amin. 1993. "Ethnicity and Pluralism: The Politicization of Religion in Kenya." *Journal of Muslim Minority Affairs* 14 (1): 191-201.

Mwakimako, Hassan. Christian-Muslim Relations in Kenya: A Catalogue of Events and Meaning, in Islam and Christian Muslim Relations,18.2,287-307 www.tandfonline. com/doi/pdf/10.1080/09596410701214266 accessed on 12th December 2015.

Oded, Arye, 2000, *Islam and Politics in Kenya*, 1 .

Oded, Arye, 1996. "Islamic Extremism in Kenya: The Rise and Fall of Sheikh Khalid Balata." *Journal of Religion in Africa* 26 (4): 406-15.

Pouwels, R, L "The East African Coast C. 780 to 1900 CE." in *The History of Islam in Africa*, ed. Nehemia Levtzion and Randall L Pouwels Athens: Ohio University Press, 2000, 251-71.

Rummel, RJ. *Death by Government* New Brunswick, NJ: Transaction Publishers, 1997.

Article 238 (2) b of the Constitution quoted in " The Error of Fighting Terror with Terror." Preliminary Report of KNCHR Investigations on Human Rights Abuses in the Ongoing Crackdown against Terrorism, September 2015.

Christian Leaders Consultative Forum Press Statement, Press Statement: Standing with the Christian Faith, www.ncck.org/newsite2/index.php/information/news/389- Christian -leaders-consultative-forum-press- statement accessed on 7th December 2015, August 27, 2015. www.nation.co.ke/oped/Opinion/Constitution-Church-Judiciary-Kenya/-/440808/2848844/-/smfqaj/-/index.html accessed on 9th December 2015.

New Revised Standard Version.

Pope Francis: I seek communion with Orthodox Churches http://en.radiovaticana. va/news/2014/11/30/pope_francis_i seek communion _ with_ orthodox_ churches/1113017 accessed on 10th December 2015.

Kenya.www.capitalfm.co.ke/news/2012/11/inter-ethnic-clashes-in-nairobi-after-bus-blast/ accessed on 11th December 2015.

복음 전도자의 코란에 대한 올바른 해석학적 태도와 활용법에 대한 제안: 코란의 '이싸'를 접촉점으로 한 두 가지 복음 증거법의 비교를 통하여*

박미애**

* 본고는 본인의 박사학위 논문, "코란의 '이싸'를 접촉점으로 한 무슬림 전도법에 대한 비판적 고찰", 아세아연합신학대학교 대학원, 2014의 Ⅳ장과 Ⅴ장에서 다루었던 내용을 이싸를 접촉점으로 한 두 가지 복음 증거법의 사례 비교의 관점으로 발췌·재구성하고 정리한 것이다.
** 아세아연합신학대학교 대학원 선교학 Ph.D

● **ABSTRACT**

A Suggestion for the Evangelist's Right Hermeneutical Attitude
to and Use of the Qur'an
- through Comparing Two Kinds of the Gospel Witnessing Method
Using the Qur'anic Isa as a Contact Point

Mi-ae Park

In this paper, I have considered a critical study of Muslim evangelism of using the Qur'an, which has always been an issue in Muslim evangelism, and today, has specially gained a heightened interest through 'Camel Mehtod'. Because, in this evangelism method, some important issues which can not be ignored and overlooked for pragmatic purpose, are involved. So for finding the direction of Christian's proper attitude for using the Qur'an for the purpose of Muslim evangelism I have undertaken a critical study of the evangelism methods which use the Qur'anic 'Isa' as a contact point.

These methods can be classified into two types, according to the hermeneutical attitude to the Qur'an. The first one is to try to prove the Gospel in the Qur'an through the Christian Qur'anic hermeneutic of Isa. And the second is to share the Gospel based on the differences between Isa and Jesus which are discerned by interpreting the Qur'an's Isa in terms of its own point of view, and based on the Bible. In this paper, I compared each cases of these two methods, and studied what hermeneutical attitude to the Qur'an the evangelists have taken, and how they use the Qur'anic base for the evangelism.

And I examined that the first evangelism method of the Christian Qur'anic hermeneutic of Isa has a theological, hermeneutical, and relational problems. The first theological problem is the conflict of Scriptural versus Qur'anic authority in the mind of a Christian who is converted from a Muslim background. The second theological problem is the hermeneutical error which uses some biblical texts as the basis for a Christian Qur'anic hermeneutic. The third theological problem is to overlook the Qur'anic effect which distorts Christian truth and exchanges it for a lie. By means of its worldview and its incorrect biblical statements, the Qur'an systematically suppresses biblical truth. And In relation to the hermeneutical problem, this Christian Qur'anic hermeneutic interprets the text according to the interpreter's premise, and thus ignores the Qur'anic context and its worldview. Consequently, this causes a relational problem with Muslims because it is a misuse of the Qur'an.

These problems disproves that the proper hermeneutical attitude to the Qur'anic Isa which the evangelist should take is to interpret it in the context of the Qur'an. So for a right evangelism method using the Qur'anic Isa as contact point, I suggested sharing the Gospel, based on the differences between Isa and Jesus which are figured out from this hermeneutical attitude, and based on the Bible. Therefore in this method, Isa can not be used as a theological starting point to prove the Christian Gospel, but as a communicational starting point which enables Muslims to hear the sound testimony of the Bible.

In conclusion, this evangelism method suggests a direction for the Christian's approach to and use of the Qur'an. That is, Qur'an cannot be a theological starting point for proving the Gospel. We should honestly interpret the Qur'an by observing the standard hermeneutical rules, and thus recognize the Qur'an's apparent and real differences with the Bible. Our testimony should not be grounded on the Qur'an but on the Bible.

● **Key words**

코란 사용을 통한 전도법, 기독교적 코란 해석, 낙타 전도법, Using the Qur'an in Evangelism, Christian Qur'anic Hermeneutic, Camel Method

Ⅰ. 서론

2009년에 국내에 번역 소개된 케빈 그리슨(Kevin Greeson)의 『모슬렘을 위한 낙타 전도법』[1]은 코란 구절을 기반으로 복음을 전하는 '낙타 전도법(Camel Method)'[2]이 이슬람 선교역사에 있어 그 유례가 없을 정도로 수많은 무슬림 회심자를 얻고 있다고 보고하고 있다. 그리고 이 책은 이 전도법을 마치 그동안 난공불락처럼 여겨지는 이슬람 선교의 창조적이고 혁신적인 전도법으로 소개하고 있다. 이 전도법의 선교적 성과에 대한 보고는 이슬람권 선교계 일부에 '코란 사용을 통한 전도법'에 대한 관심을 고조시켰다.

그러나 사실 '코란 사용을 통한 전도법'이 현대에 등장한 새로운 전도법은 아니다. 이런 전도법은 이슬람 초기에서부터 오늘날까지 지속적으로 등장해 온 전도법이다. 코란의 특정한 어휘 혹은 문구를 이용해 기독교 복음을 변증하고 증거 하는 방법은 이슬람을 첫 대면하였던 다마스커스의 성 요한(St John of Damascus, 675-753)[3]과 같은 초기 아랍 기독교인 변증가들의 사례에서부터 등장한다. 그리고 그 명맥이 오늘날 푸아드 엘리아스 아카드(Fouad Elias

---

1 케빈 그리슨, 『모슬렘을 위한 낙타 전도법』, 이명준 역 (서울: 요단출판사, 2009)

2 낙타 전도법'은 케빈 그리슨 (Kevin Greeson)이 남아시아의 무슬림 회심 운동의 원동력이 된 MBB(Muslim Background Believer)들의 전도법을 배우고 익혀 개발한 선교 전략이다. 이 전도법은 무슬림들에게 복음을 듣게 하기 위해, 예수에 관해 호의적이거나 성경의 신뢰성을 말하는 코란 본문을 다리로 삼아 무슬림과의 대화를 시도하는 것이다. 낙타 전도법에 사용되는 중심 본문은 이싸에 대한 수태고지와 이싸의 이적이 언급된 알 이므란 3:42-55절이다. 케빈 그리슨은 이 본문의 내용을 낙타를 의미하는 영어의'CAMEL'의 첫 알파벳을 따서 소개함으로 내용을 쉽게 기억할 수 있도록 하였다.
C-선택된 (Chosen): 알라께서 특별한 목적으로 마리아를 선택하셨다.
A-천사가 선포한 (Announced by Angels): 천사가 메시아의 탄생을 마리아에게 선포하셨다.
M-기적 (Miracles): 예수님은 기적을 행함으로 그의 능력을 나타내 보이셨다.
EL-영원한 생명 (Eternal Life): 예수님은 하늘나라 가는 길을 알고 계시며 바로 그 길이 되신다. 그리슨, 『모슬렘을 위한 낙타 전도법』, 149-150.

3 다마스커스의 요한 (John of Damascus, 675-753)은 이슬람 태동 후 이슬람과 대면하여 기독교를 변증한 첫 기록을 남긴 신학자이다. 본래 이슬람 우마이야 왕조 (661-750)의 기독교인 관료로 있었는데 후에 수도사가 되었다. 이러한 변화는 우마이야 왕조의 우마르 2세 (717-720)가 관료의 요직에 있는 그리스도인들을 아랍화 이슬람화 하려고 했을 때 일어난 것 같다. 그는 그의 저서 *The Fount of Knowledge* 에서, 코란 안에서 그리스도의 신성을 입증하기 위해 예수를 '말씀'과 '영'으로 칭한 코란 구절을 사용한다. 이것은 기독교인 변증에 있어 고전적인 방법이 된다. Jean Marie Gaudeul, *Encounters & Clashes: Islam and Christianity in History* (Rome: Pontificio Istituto di Studi Arabi e Islamici, 1984), 28-29.

Accad)[4]의 사례나 케빈 그리슨(Kevin Greeson)의 낙타전도법의 사례로 이어지고 있는 것이다. 그런데 오늘날은 '낙타 전도법'의 선교적 성과에 대한 보고가 이슬람 선교계를 자극하면서 코란 사용을 통한 전도법에 대한 관심이 그 어느 때보다 고조되고 있다. 이는 오늘날의 선교적 이슈인 상황화의 요구와 맞물려, 일부에서 코란을 무슬림 상황에서 복음의 호소력을 높여줄 긍정적 요소로 받아들이는 것에 기인한 것이기도 하다.

이런 현상은 기독교인이 전도를 목적으로 코란을 무분별하게 사용할 우려를 낳게 한다. 더불어 오늘날 기독교인의 코란 사용법에 대한 재고와 함께, 코란에 대한 올바른 접근법과 바른 사용의 원칙이 세워져야 할 필요성을 요구한다. 따라서 본인은 본고를 통해, 기독교인이 복음 전도를 위해 코란에 대해 어떤 태도를 취하고 있는지를 살펴봄으로써 코란 사용을 통한 전도법'의 올바른 방향성을 모색하고자 한다.

이를 위해 필자는 구체적으로 기독교인의 코란의 전도적 활용이 코란에서 성경의 예수를 지시하는 인물인 '이싸'[5]에 대한 본문을 중심으로 이루어졌기 때문에, "코란의 이싸를 접촉점으로 한 복음 증거법"에 주목한다. 그리고 그 증거법은 코란에 대한 다른 두 가지 해석학적 태도를 보이고 있는 것에 주목한다. 그 다른 해석학적 태도의 첫 번째는 코란의 이싸를 기독교적으로 해석하는 것이다. 그리함으로 코란의 이싸를 성경의 예수를 지지하는 신학적 기반으로 삼아 복음을 증거하는 것이다. 두 번째는 코란의 이싸를 코란 고유의 관점으로 해석하는 것이며, 이를 통해 분별된 이싸와 예수의 차별성에 기초하여 성경을 통해 복음을 증거하는 것이다.

코란의 이싸는 성경의 동정녀 마리아에게서 난 예수를 지시하는 인물이라

---

4 그는 무슬림들을 기독교 신앙으로 인도하는 다리로 코란 구절을 사용한다. 그의 방법론은 1970년대와 1980년대 중동에 있는 네비게이토 선교회 소속 선교사들에 의해 널리 사용되었다. Phil Bourne, "Summary of the Contextualization Debate," St Francis Magazine 5:5 (October 2009), 67.

5 '이싸(عيسى)'는 코란에서 성경의 '예수'를 지시하는 이름이다. 예수에 대한 전통적 기독교 아랍어 이름은 '야쑤우(يسوع)'이다. 그래서 그리스도인들 사이에 '이싸'라는 이름을 아랍어 성경과 무슬림 복음화에 사용해도 될지에 대해 많은 논란이 있다. 그러나 '이싸'는 무슬림 사회에서 살아온 비 아랍계 기독교 소수 사이에서는 예수에 대한 일반적 이름이다. William J. Saal, *Reaching Muslims for Christ* (Chicago: Moody Press, 1991), 113.

할지라도 코란의 문맥과 세계관 속에서 성경과 전혀 다른 이슬람적 인물로 존재한다. 곧 '이싸'라는 접촉점은 결코 단순히 기독교적 의미를 부여하고, 복음을 논증하고 설득할 수 있는 기반으로 사용될 수 없다. 그런데도 접촉점 '이싸'의 한계를 무시한 채 이싸에 기독교적 해석을 하고 이싸를 코란에서 복음을 확증하는 신학적 기반으로 삼는 전도법이 이루어져 왔고, 그 사례는 바로 낙타 전도법에서도 확인되는 바이다. 그러므로 본인은 본고에서 이 두 가지 다른 해석학적 입장을 통한 복음 증거법의 사례를 비교 제시함으로써, 코란의 이싸에 대한 기독교적 해석을 통한 복음 증거법의 문제점을 지적하고자 한다. 나아가 코란의 이싸에 대한 올바른 해석학적 접근과 활용법의 안으로 '이싸와 예수의 차별성'에 기초한 복음 증거법을 제안하고자 한다.

II. 증거법 1 : 코란의 '이싸' 에 대한 기독교적 해석을 통한 복음 증거

이싸에 대한 기독교적 해석은 크게 두 가지 방식으로 이루어졌는데, 첫 번째는 '증거 본문 (proof-text)' 방식으로[6] 알려진 것으로, 이싸의 동정녀 탄생, 그리고 이싸에게 '알라의 말씀'과 '알라의 영'이라는 칭호가 부여된 것, 혹은 코란 3:45에서 '이싸가 현세와 내세에 뛰어난 자'라고 언급되어 있는 부분 등을 선별적으로 취하여 코란이 이싸의 신성을 말하고 있다는 증거 본문으로 제시하는 것이다. 두 번째는 코란의 개별적인 증거 본문들에 기독교적 해석을 부여하는 것이 아니라 코란 전체에 기독교적 의미를 부여하는 것이다.

본고에서는 이런 기독교적 해석의 방식을 보이고 있는 오늘날의 사례로 두 가지를 제시하였는데, 그것은 푸아드 아카드(Fuad 'Accad)의 사례와 케빈

6　Mark N. Swanson은 이 증거본문 (proof text) 방식의 시초는 초기 아랍 변증가들의 논쟁적 작품들에서 찾을 수 있는데, 이들 초기 아랍 변증가들은 이런 증거 본문 방식 외에도 성경의 이야기와 코란의 이야기를 겹쳐 사용하는 방법 곧, 코란의 서술방식, 코란의 어휘 등을 사용하는 등의 다양한 코란 사용의 방식을 통해 기독교 변증을 해나갔다고 말한다. Mark N. Swanson, "Beyond Proof-Texting: Approaches to the Qur'an in Some Early Arabic Christian Apologies," *The Muslim World*, Vol. *58* (July-October 1998), 303, 310.

그리슨(Kevin Greeson)의 낙타 전도법이다. 푸아드 아카드의 사례는 코란 전체에 기독교적 의미를 부여하는 방식이고, 케빈 그리슨의 낙타 전도법은 개별적인 본문에 기독교적 의미를 부여하는 증거 본문 방식이다.

1. 코란에서 삼위일체 신관 해석: 푸아드 엘리아스 아카드의 사례

코란에서 삼위일체 신관을 해석한 사례로 푸아드 아카드(Fuad 'Accad)의 사례를 들 수 있다. 그가 코란에서 삼위일체 신관에 대한 확증을 시도할 수 있는 것은 코란이 '친기독교(pro-Christianity)적이다' 라는 그의 코란에 대한 관점에서 비롯된다.[7] 그는 코란은 친성경적, 친그리스도적, 친크리스챤적이기 때문에 이것을 코란에서 효과적으로 보여주는 것이 무슬림 전도의 관건이라고 본다.[8] 그러면서 그는 무슬림들이 삼위일체 교리를 불경한 것으로 비난하는 것은 삼위일체에 대한 잘못된 가설들에 기초한 것이고, 이런 잘못된 가설은 많은 무슬림들이 기독교 교리와 코란 자체를 잘못 이해하기 때문이라고 주장한다.[9] 그는 무함마드가 유대교와 기독교와 동일한 하나님을 믿는다고 주장하는 코란 29:46,[10] 2:136,[11] 2:285[12]의 구절들을 제시하면서 무함마

---

7   그는 그의 책 『기독교와 이슬람 사이에 다리 놓기: 예수를 우리 사람이 되게 하라』에서 전도용 4영리와 유사한 지극히 기독교적인 7원리를 유대교와 기독교 이슬람에 공통적인 것이라 주장하며 성서와 코란구절을 인용해 제시한다. 그가 그의 7원리를 코란에서 자유롭게 인용하는 근거는 '코란자체는 친 기독교적이다'라는 그의 관점에서 비롯된 것이다. 그가 제시하는 7원리는 다음과 같다: 1. 하나님은 우리 삶에 목적을 갖고 계신다; 2. 죄는 우리를 하나님과 분리한다; 3. 우리는 스스로를 구원할 수 없다; 4. 십자가는 생명으로 인도하는 교량이다; 5. 하나님은 사람을 준비하신다; 6. 그를 우리 사람이 되게 하라; 7. 우리가 선물을 받을 때 기대할 바는 무엇인가?
   푸아드 엘리아스 아카드, 『기독교와 이슬람 사이에 다리 놓기: 예수를 우리 사람이 되게 하라』, 김요한·전병희 역 (서울: 도서출판 대장간, 2012)

8   Swanson, "Beyond Proof-texting," 88-89.

9   Swanson, "Beyond Proof-texting," 82-83.

10   코란 29:46 "가장 좋은 것을 제외하고는 성서의 백성들(유대인들과 그리스도인들)과 함께 논쟁하지 말며 저들 중 부정한 자들과는 전혀 논쟁하지 말라. 그리고 이르라. '우리는 우리에게 계시된 것과 당신들에게 계시된 것을 믿노라. 우리의 하나님과 당신들의 하나님은 한 분이시라.'"

11   코란 2:136 "우리는 하나님을 믿고, 또 우리에게 계시된 것, 그리고 아브라함, 이스마엘, 이삭, 야곱 그리고 그의 자손들에게 계시된 것 그리고 모세와 예수께 주신 것 그리고 모든 다른 예언자들에게 그들의 주님으로부터 주신 것을 믿나이다…"

12   코란 2:285 "나의 사도는 그의 주님이 그에게 계시한 것을 믿노라…"

드는 기독교의 하나님을 긍정하였다고 말한다. 그는 이 구절들을 코란에서 삼위일체뿐만 아니라, 예수의 신자성(하나님의 아들 되심, Sonship)까지 입증할 수 있는 것으로 본다.

그러나 코란은 알라의 단일신성[13]을 강조하고 있고, 이싸는 한 인간 선지자로 묘사하며 이싸에게는 알라의 단일신성을 선포하는 사명을 부여하고 있다. 이런 코란의 맥락은 무함마드가 유대교나 기독교와 동일한 하나님을 믿고 있다고 주장한 이 코란 구절들이 사실은, 무함마드가 기독교의 삼위일체 하나님을 바로 알고 믿었음을 나타내는 것이 아니라, 자신이 믿고 있는 단일신의 개념이 바로 유대교와 기독교의 하나님과 동일한 것이라고 생각한 무함마드의 오해를 반영한 것이라 할 수 있다.

그러므로, 푸아드가 이런 코란의 맥락을 외면하고, 이런 무함마드의 잘못된 이해를 반영하고 있는 코란 몇 구절에 근거하여, '코란은 기독교의 삼위일체 하나님을 참 하나님으로 긍정한다', '코란은 친기독교적이다. 그런데 무슬림들이 코란 자체에 대한 불완전한 이해로 인해 삼위일체 하나님을 부정하고 있다.'고 주장하는 것은, 코란에 대한 독단적인 기독교적 해석임이 자명하다.

2. 이싸의 십자가 대속 죽음 해석

이싸에 대해 기독교적 해석을 내리면서, 코란에서 이싸의 십자가 사건을 다룬 구절에 대한 비주류의 해석[14]을 취하여, 이싸가 십자가에서 죽었다고 해석하고 있다. 그리고 더 나아가 "이싸의 죽음이 인류 구속을 위해 알라가 계획한 것"이라고 해석하면서 코란의 구원관과 대치되는 개념을 제시한다.

---

13 본인은 여기서 '유일신성'이 아닌 '단일신성'으로 기재한다. 이는 삼위일체 하나님의 유일신성과 구분하여 표현한 것이다.

14 십자가 사건에 대한 주류의 해석은 '이싸가 아닌 다른 사람이 십자가에 대신 달려 죽었다'이다. 비주류의 해석에는 여러 가지가 있다: 1) 십자가에 아무도 죽지 않았다; 2) 이싸는 알라의 주권으로 십자가에 죽었다; 3) 이싸는 십자가에 달렸으나 죽지 않고 기절했다.

1) 푸아드 아카드 사례

코란은 이싸의 십자가 사건을 4:157 단 한 구절에서 언급하고 있다.

> "그리고 그들은 '우리가 알라의 사도 마리아의 아들 이싸 알마씨흐를 죽였노라'라고 말하노라. 그들은 그를 죽이지 않았고 십자가에 못박지 않았노라. 그러나 그들에게 그렇게 보였을 뿐이라. 이에 의견을 달리한 자들은 의심 속에 있는 것이며 어떤 지식도 없이 오직 추측을 따르는 것이라. 그들은 분명 그를 죽이지 않았노라."(4:157)

푸아드는 이 구절에 대해 무슬림 주류의 해석인 '이싸의 십자가 사건은 인정하나, 이싸의 죽음은 부인'하는 입장과 달리, 비주류의 해석을 따른다. 곧 이싸는 십자가에 달려 죽었고 그런데 유대인이 아닌, 알라의 특별한 목적과 계획 가운데 로마군병에 의해 죽었다는 해석을 취한다.

무슬림 주류의 해석이 이싸의 십자가 죽음을 부인하는 근거로 삼는 "그들은 그를 죽이지 않았고 십자가에 못박지 않았노라. 그러나 그들에게 그렇게 보였을 뿐이라"는 문구에 대해 푸아드는 비주류의 해석의 입장을 취해, 이는 '예수를 죽일 권세가 없는 유대인들을 알라가 하대(下待)한 것'이라고 말한다. 곧 유대인들은 어느 누구도 죽일 권세를 가지지 못하였기에 예수를 죽인 자들은 로마 사람들이었고, 알라가 이싸를 이 죽음으로부터 보호할 수 있었지만 그렇게 하지 않았던 이유는 알라에게 특별한 목적이 있었기 때문이라고 해석한다.

푸아드는 알라의 특별한 목적을 코란 37:107절 "알라는 위대한 희생물로 그를 대속하였느니라"에서 찾는다. 이 구절은 아브라함이 알라의 명령에 순종해 자신의 아들을 제물로 드리려고 했을 때, 알라가 위대한 희생물로 아들의 죽음을 대속하였다는 내용이다. 그는 알라가 아브라함의 아들을 대신하여 '위대한 희생물'을 준비하였듯, 우리를 속량하기 위하여 로마인들을 사용

하여 알마씨흐(메시아)를 우리를 위한 '위대한 희생물'로 죽게 하였다[15]고 해
석한다.

그러나 코란이 제시하는 인간관은 인간은 비록 죄를 범할 수 있어도 알라
의 지침으로 바른 인도를 받고 스스로를 구원할 수 있는 존재요, 자신의 구
원을 위해 알라의 지침 이외에는 그 누구도 필요하지 않은 존재이다. 따라서
코란의 구원관은 알라의 지침만 있다면 스스로를 구원할 수 있는 인간의 자
력 구원을 말하고 있다. 그런데 푸아드는 코란 37:107절 한 구절을 근거로,
코란 전체의 인간관과 구원관에 위배되는, 곧 알라가 이싸를 십자가에서 인
간의 대속제물로 죽게 함으로 인간을 구원할 계획을 실행하였다는 기독교
적 해석을 하고 있다.

2) 케빈 그리슨의 '낙타 전도법'

코란 안에서 이싸의 구속적 십자가 죽음을 확증하는 기독교적 해석을 하
는 사례는 케빈 그리슨의 '낙타 전도법'에서도 확인된다.

낙타 전도법은 복음의 다리로 삼기 위해 사용하는 코란 본문 중 3:54-55
절에 대한 해석에서 코란에 언급된 이싸의 십자가 사건을 기독교적으로 해
석한다. 먼저 코란 3:54-55절을 옮기면 다음과 같다.

> 54. 그들이 모사를 꾸미나, 알라도 모사를 꾀하니, 알라는 최고의 모사
> 자라. 55. 알라가 말하기를, "이싸야 나는 너를 죽게 하는 자요(무타왑피-
> 카 مُتَوَفِّيكَ),[16] 너를 내게로 올리우는 자요(라-피우카 رَافِعُكَ), 불신자로부
> 터 너를 정결케 하는 자요, 부활의 날까지 너를 따르는 자를 불신자들보

---

15 아카드, 『기독교와 이슬람 사이에 다리놓기』, 170.

16 여기의 '무타왑피-카'는 낙타 전도법이 코란에서 이싸의 십자가 죽음을 해석하고 있기 때문에, 이 단
어의 본래적 의미 '너의 영혼을 취하는 자' '너를 임종케 하는 자'라는 의미로 번역하였다. 그러나 알
라가 이싸를 십자가 죽음으로부터 건져 내었다는 해석을 하는 주류파의 경우, 이 단어를 ① '너를 부
르는 자'로 해석하거나 ② 혹은 '무타왑피-카'를 '너를 임종케 하는 자'로 해석하되, 이 죽음을 재림 이
후의 사건으로 보든지 아니면 '자연적 죽음'으로 본다.

다 위에 두는 자라. 그리고 나서 너희들은 내게로 돌아오리니, 내가 너희
가 이견을 가졌던 것에 대해 너희들 사이에서 판결하여 주리라."(3:54-55)

이 구절에 대해 케빈 그리슨은 "알라께서는 최선의 계획을 이루시는 자로
서 그분 스스로 이사를 희생하기로 결정하셨음을 우리에게 말씀하고 있다"[17]
라고 해석한다. 곧 코란은 이싸의 십자가 죽음을 말하고 있고, 이는 알라의
주권에 의한 것이라고 해석한다. 그리고 이러한 해석을 위해 3:55에 쓰인 단
어 '무타왑피-카'가 지니고 있는 본래적 의미, 즉 '죽음'의 의미를 강조하며,
다음과 같이 해석한다: "그 단어(무타왑피-카)는 '죽다' '죽이려 하다' 또는 '죽
이다'를 의미합니다. 그래서 계속 이어지는 알라의 말씀을 연결해보면, '너를
내게로 끌어올리기 위해 나는 너를 죽이노라'는 의미가 됩니다."[18]

또한 이런 해석을 위해 이슬람권의 '코르바니 제사의식'[19]을 연관시켜 다
음과 같이 말한다.

코르바니 제사의식은 우리의 죄와 형벌을 가르쳐 주기 위해 알라께서
보여주신 그림언어이자, 그 모든 죄들을 순결한 한 분에게 전가하는 제도
이다. …알 이므란 3:54-55절은 알라께서는 최선의 계획을 이루시는 자로
서 그분 스스로 이사를 희생하기로 결정하셨음을 우리에게 말씀하고 있
다. 그리고 인질[20]은 알라의 희생제물인 이사가 인류의 모든 죄를 대속하

---

17 그리슨, 『모슬렘을 위한 낙타 전도법』, 170.
18 그리슨, 『모슬렘을 위한 낙타 전도법』, 199.
19 이 의식은 아브라함이 아들을 바치라는 알라의 명령에 순종하여 자신의 아들을 희생하려 했던 것을 기념하는 것으로 이슬람력으로 12월 10일에 흠 없는 숫염소, 양, 소, 낙타 등을 잡는 의식이다.
20 여기서 '인질'이란, 신약성서를 지칭한다. 아랍 기독교에서 통용되는 단어 '인질(الإنزيل)'은 세 가지 의미를 지닌다. 1) 신약성서 전체-이는 성서의 기자들이 성령의 감동으로 하나님의 아들 예수 그리스도의 성육신과 십자가 구속의 은혜로 얻는 구원을 기록하고 있는 책이다. 2) 각 복음서-예수의 성육신에서부터 십자가 죽음 부활 승천을 기록한 책이다. 3) 성서에 계시된 예수로 말미암는 구원의 메시지, 복음을 의미한다. 반면, 코란에서 말하는 '인질'은 알라로부터 내려 받은 '율법서'라는 의미를 지닌다. 코란 3:50은 이싸의 인질을 통한 가르침이, 토라에 있는 율법을 확증하는 것과 아울러 토라에서 금하였던 율법의 일부를 허용하는 것임을 말한다. 5:47은 "인질의 백성으로 하여금 알라가 계시한 것으로 관결하게 하였으니…"라고 한다. 코란은 이싸와 관련해 예수 구원의 메시지, '복음'과 무관한 율법서 '인질'을 이야기하고 있다.

였다고 말하고 있다. 이 구속 사역을 완수하기 위한 희생제물은 가장 거
룩하고, 순결하며, 의로워야만 한다. 그래서 이러한 조건에 적합한 자는
알 이므란 3장 45~49절에 나타난 바와 같이 하늘로부터 내려와 처녀에게
서 났으며 다시 그곳으로 돌아간 이싸가 이 땅에서 유일한 자이다. 알라
는 코르바니 제사의 희생제물로 이싸를 선택하셨다.[21]

케빈 그리슨은 위의 진술에서 코란의 알라가 인류 구속 계획을 위해 예수
를 희생제물 삼으시는 성경의 하나님과 동일한 뜻과 계획을 가진 것으로 다
음과 같이 해석한다: "코란 3:54~55는 알라께서는 최선의 계획을 이루시는
자로서 그분 스스로 이사를 희생하기로 결정하셨음을 우리에게 말씀하고
있다.", "알라는 코르바니 희생제물로 이사를 선택하셨다.", "이것은 태초부
터 시작된 알라의 계획이었다."

그의 이러한 진술은 어디까지 코란의 알라를 이야기하고 있고, 어디서부
터 성경의 하나님을 말하고 있는지 그 경계가 분명치 않다. 그는 코란과 성
경의 신관의 엄연한 차별성을 무시하고, 인질(신약성서)과 코란을 자유로이
넘나들며, 코란의 알라에게 이싸의 십자가 죽음을 통한 인류 구속의 계획이
있었음을 확증시키려 하고 있다.

3. 하늘로 가는 길을 알고 있는 존재로서의 이싸 해석: 낙타 전도법 사례

이 해석은 낙타 전도법에서 행하는 해석이다. 낙타 전도법은 다음 구절에
서 '하늘로 가는 길을 아는 이싸의 존재'를 확증하기 위해 코란 번역본에 기
초하여 자의적인 기독교적 해석을 한다.

---

21 그리슨, 『모슬렘을 위한 낙타 전도법』, 169-170.

1) 3:51절 해석

51절 "진실로 알라께서는 나와 너희들의 주가 되시나니, 그를 경배하라. 이것이 옳은 길이니라."[22]에 대해, 케빈 그리슨은 다른 영어 코란 번역본이 '옳은 길(a right way)' 대신에 '곧은 길(the straight way)'이라는 단어를 사용하였다고 하며, "알라께 이르는 유일한 '곧은 길'이 있습니다. 이사는 그 여정을 친히 경험하셨으므로 그 '곧은 길'을 알고 있습니다"라고 말한다. 그리고 "이사는 하늘의 알라에게서 직접(straight) 오셨으며, 알라께로 곧바로(straight) 돌아가셨습니다."라고 덧붙인다. 그러면서 이런 구문을 통해 그는 '이사는 하늘나라로 가는 길을 알고 있다'는 사실을 말하고자 한다.[23]

그러나 51절은 코란의 이싸가 전한 메시지의 핵심을 말하고 있다. '옳은 길(a right way)'이란 의미는 51절 자체가 명시해 주고 있다. "진실로 알라께서는 나와 너희들의 주가 되시나니, 그를 경배하라. 이것이 옳은 길이니라." 곧 51절은 '알라에게만 경배하는 것이 옳은 길이라'고 말하고 있는 것이다.

그러므로 51절에서 발견되는, '옳은 길'이라는 단어가 'straight way'로 번역되고 있다는 사실에 근거해, '이싸는 하늘의 알라에게서 직접(straight) 오셨으며, 알라께로 곧바로(straight) 돌아가셨다'고 해석하고 따라서 '이싸는 하늘나라로 가는 길을 알고 있다' 라고 무슬림을 설득하려는 것은, 코란의 전후 문맥과 코란의 세계관을 무시한 자의적인 기독교적 해석이다.

2) 3:53절 해석

또한 그는 53절 "오 주님 우리는 당신의 계시를 믿사오며 그 사도를 따르오니 우리의 이름을 증인들의 명단에 기록하소서"에 의거해, 이싸의 제자들

---

22 본 구절과 이하 3:53절은 『모슬렘을 위한 낙타 전도법』의 번역문을 그대로 인용한다. 그리슨, 『모슬렘을 위한 낙타 전도법』, 195.

23 그리슨, 『모슬렘을 위한 낙타 전도법』, 197.

이 '알라의 말씀과 알라께서 내려 보낸 사자(Messenger)를 믿는다고 말했다'고 하며 이 부분에서 "모두 동일하지는 않지만 대부분의 번역본들에 '알라께서 내려 보낸'이라고 기록되어 있다"[24]고 설명을 덧붙인다. 그리고 "그분이 어디서 내려왔겠는가? 분명 이사는 하늘에서 보내심을 받아 내려온 것이다."[25]라고 하며, '이사는 하늘나라 가는 길을 알고 있다'는 주장의 근거를 만든다.

그러나 53절에 대한 아랍어 코란 원문은, 단지 이싸에 대해 '그 사도'로 언급하고 있을 뿐이다. 그런데 원문에 없는 번역상에 추가된 '당신이 내려 보낸'이란 문구를 가지고, 문맥에서 전혀 의도하지 않는 '이싸가 하늘에서 내려왔다'는 해석을 하는 것은 코란에 부재한 이싸의 선재성과 성육신을 해석하려는 시도이다.[26]

성경에서 '보내어진 자(the One Sent)'로 예수를 묘사하고 있는 본문(요 3:17; 4:34; 5:24; 요일 4:9 등)은 예수의 성자로서의 선재성(先在性, pre-existence)을 증거해 주는 본문이다. 그런데 낙타 전도법이 성경에서 예수를 묘사한 '보내어진 자'가 내포하는 선재성의 개념을 염두에 두고, 코란 3:53절에서 이싸를 '알라가 보낸 자', '알라가 하늘에서 내려 보낸 자'로 해석하는 것은, 코란의 맥락과 세계관을 벗어난 해석이다. 코란은 인간 이싸의 기적적인 동정녀 탄생은 말하고 있지만, 육신을 입고 이 땅에 오신 성자 하나님에 대해서는 결코 말하지 않기 때문이다.

케빈 그리슨은 낙타 전도법이 알 이므란 3:42-55의 내용에 집중하는 이유

---

24 그리슨, 『모슬렘을 위한 낙타 전도법』, 198.

25 그리슨, 『모슬렘을 위한 낙타 전도법』, 198.

26 코란 안에 있는 '보냄, sentness, رسولية'의 개념에서 케네스 크랙(Kenneth Cragg)은 무슬림에게 성육신에 대한 이해를 돕는 시도를 한다. 곧 그의 논리는, 무슬림들과 기독교인들 모두 하나님이 선지자들을 보낸다고 믿고 있는데, '보낸 자'는 '그가 보낸 자들'과 관련된다는 것이다. 그리고 코란(2:87, 253; 58:22)은 선지자들과 다른 신자들을 성령이 돕는다고 말하고 있는데, 이처럼 코란이 알라가 선지자들을 보내고 성령으로 돕는다고 말하는 것은 무슬림들이 선지자와 사도들을 통한 계시 속에 그리고, 계시가 임하는 신자들의 공동체에 알라가 특별하게 '현존, presence'하는 것을 인정하는 것이라고 본다. Michael Nazir Ali, *Frontiers in Muslim Christian Encounter* (Oxford: Regnum Books, 1987), 21. 그러나 코란은 선지자와 경전을 통한 계시는 말할지언정, 하나님이 성육신을 통해 자신을 계시할 수 있다는 가능성은 배제시킨다.

를 '낙타 전도법 훈련교재(Camel Training Manual)'에서 이렇게 밝혔다: 그것은 우리가 코란 구절을 잘못 오용하고 남용하는 것, 곧 잘못된 주석을 하는 것을 막아준다. …우리는 오직 평화의 사람을 찾고자 하며, 우리는 그가 복음에 관심을 갖게 하는 정도의 내용만을 코란에서 필요로 한다. 비기독교적 구절 때문에 코란에 너무 오래 머물러 있지 말라. …우리는 성경에 익숙하다. 코란에 익숙하지 않다.[27]

이는 코란 사용에 대한 그의 생각을 보여준다. 케빈 그리슨은 평화의 사람을 찾기 위한 목적으로만 코란 사용을 원했고, 코란의 오용과 남용을 원치 않는다 하였지만, 안타깝게도 그가 취한 본문의 해석은, 코란 전후 문맥과 세계관을 무시한 기독교적 관점의 자의적 해석임을 보여주고 있다.

III. 증거법 2 : 코란의 '이싸'와 성경의 '예수'의 차별성에 기초한 증거

코란의 이싸를 접촉점으로 한 두 번째 복음 증거법은, 코란의 이싸를 코란 고유의 관점으로 해석하고, 이를 통해 분별한 이싸와 예수의 차별성에 기초해 성경을 통해 복음을 증거하는 전도법이다. 여기서 이싸는 복음을 지지하는 신학적 기반이 아니라, 성경적 예수의 바른 증거를 위한 도약점이 되는 것이다.

이러한 차별성에 기초한 증거 사례로 존 길크리스트(John Gilchrist)의 복음 증거 방법을 들 수 있다.

---

27 Greeson, Kevin. "Camel Training Manual" available from www.30-days.net/shop/download, 38. 2010년 5월 27일 (처음 접속), 2014년 8월 4일 (최종 접속).

1. 이싸의 독특성

길크리스트는 그의 책『무슬림에게 복음 전하기』11장[28]에서 코란에서 이싸의 독특성을 나타내는 부분을 복음 증거를 위한 공동기반[29]으로 삼는다. 그 공동기반은 동정녀 탄생, 이싸의 무죄성, 그리고 승천과 재림이다. 그는 이 공동기반 위에서 '예수의 유일성'에 대해 논하고, 예수의 근원을 설명해 간다. 그는 '동정녀 탄생'의 공동기반에서 복음을 증거할 때, 무슬림에게 '이 싸의 예외적인 탄생에 대한 이유가 무엇 이겠는지' 질문할 것을 제안한다. 그런데 여기서 그는 코란의 이싸의 동정녀 탄생에 대한 무슬림 공동체의 해석학적 전제와 전승을 잘 알고 있음을 다음과 같이 보여준다: 그의 유일한 탄생에 대해 무슬림들은 그것이 하나님의 능력과 말씀에 의한 것이었다고 말한 것 외에, 다른 어떤 대답을 줄 수 없다(코란 3:59). 그들은 왜 특별히 예수님 홀로 그렇게 독특하게 태어나야 했는지 그 이유를 다른 방법으로는 설명할 수 없다.[30]

그는 이 부분에서 코란 3:59절을 참고 구절로 명시한다. 코란 3:59절은 "알라에게 있어 이싸의 경우는 아담의 경우와 같다. (알라가) 그를 흙으로 빚어 그에 말하였다. '있으라' 그러자 그가 있게 되었노라."이다. 3:59절은 이싸의 독특한 탄생을 아담의 경우와 견주며, 이싸의 동정녀 탄생은 알라의 말씀으로 단지 흙에서 태어난 아담의 탄생보다 더 특이할 바가 없다는 함의를 갖고 있다. 그러므로 이는 길크리스트가 무슬림이 이싸의 동정녀 탄생을 보는 관점과 이런 관점을 3:59절이 뒷받침하고 있다는 것을 잘 알고 있음을 보여주는 것이다. 이것은 곧 그가 코란에서 공동기반으로 발견한 것을 해석하는 자세, 곧 우선적으로 코란의 세계관과 문맥 속에서 파악하고 이해하는 자세

---

28 존 길크리스트, 『무슬림에게 복음 전하기: 성경을 기초로 하는 무슬림 전도 핸드북』, 김대옥·전병희 역 (서울: 도서출판 대장간, 2012), 171-185.

29 길크리스트는 여기서 '공동 기반'이라는 용어를 사용하지만, 그의 코란을 해석하는 자세에 비추어 볼 때, 그가 말한 '공동기반'은 '기독교적 해석'이 가능한 기반이 아니라, 코란의 진술에 반해 성경의 진리를 증거하는 거점의 의미로 이해해야 한다.

30 길크리스트, 『무슬림에게 복음 전하기』, 180.

를 보여주는 것이다. 그리고 그는 코란의 관점을 기점으로 그 관점에 반하여 (against) 예수를 증거하는 단계로 나아간다.

그는 무슬림들은 "알라의 창조 능력의 표징으로서의 이싸"라는 코란의 관점 안에서는 예수가 동정녀에게서 나올 이유를 설명할 수 없음을 다음과 같이 지적한다: "그들은 왜 특별히 예수님이 홀로 그렇게 독특하게 태어나셔야 했는지 그 이유를 설명할 수 없다."[31] 그리고 예수께서 동정녀에게서 나신 이유는 바로 신성한 본질을 가지신 예수님 자신에게 있음을 설명한다. 그리고 그 해답을 예수의 신성한 기원, 즉 선재성을 나타내는 성경에서 찾아서 제시한다.[32]

이렇게 그는 '동정녀 탄생'을 거점으로, 예수가 동정녀에게서 태어난 이유가 예수님 자신에게 있음을 말하며, 이를 영원한 하나님의 아들로서의 예수의 신적 기원을 설명하는 기회로, 그리고 당연히 그들의 관점과 달리, 예수가 다른 선지자와 결코 같을 수 없는 우월하신 분임을 증거할 기회로 삼고 있다.

2. 이싸의 칭호: 메시아, 영, 말씀

그리고 그는 코란의 이싸에게 부여된 세 칭호-메시아, 영, 말씀-를 사용하여 복음 증거를 시도한다. 코란의 이싸에게 주어진 이 세 칭호를 통해 복음을 증거하는 방식은 사실 오래된 방식이다.[33] 보통은 4:171의 "…마리아의

---

31 길크리스트, 『무슬림에게 복음 전하기』, 180.

32 길크리스트, 『무슬림에게 복음 전하기』, 179-180.

33 "다마스커스의 요한(John of Damascus)과 바그다드의 디모데(Timothy of Baghdad)와 같은 고대 기독교 변증학자들은 코란에서 예수가 '하나님의 말씀'으로 불려지는 것은, 예수가 코란에서 영원한 하나님의 말씀과 동일하게 여겨지고 있음을 의미한다고 이해했다. 그리고 그들은 이 칭호를 예수의 신성을 보여주기 위한 논거로서 다음과 같이 사용하였다: 무슬림들은 하나님에게 동등한 자가 없다고 믿는다. 아무것도 하나님 외에 영원한 것은 없다. 그러나 무슬림들은 또한 하나님의 말씀은 영원하다고 믿는다. 그러므로 하나님의 말씀은 하나님임이 분명하다. 예수는 코란에서 하나님의 말씀으로 불린다. 그러므로 예수는 하나님이심이 분명하다." 그리고 다마스커스의 요한은 무슬림들이 하나님과 말씀을 분리시킨다면, 하나님의 본질을 훼손시키는 것으로 비난 받아야 한다고 말했다. Ali, *Frontiers In Muslim Christian Encounter*, 32.

아들 이싸 알마씨흐는 알라의 사도이며, 마리아에게 수여된 그의 말씀이며, 그(알라)로부터의 한 영이다.…"는 구절을 인용한다. 그러나 일반적인 증거 방식은 이 내용이 들어가 있는 171절 전체의 문맥은 무시한 채, 이 호칭 자체만을 가리키며, 코란이 이싸의 신성을 가리킨다고 제안하는 형식을 취한다.

그러나 길크리스트는 4:171절이 의도하는 바를 문맥상에서 먼저 파악한다. 그리고 이 구절에 예수의 신성에 대한 삼중적 부정이 있음을 파악하며 다음과 같이 말한다: "첫째로, 그리스도인은 세 신(삼위일체를 빗댐) 중 하나로서 예수를 믿지 말라고 명한다. 둘째, 알라는 유일한 한 분 하나님이므로 예수는 또 다른 하나님일 수 없다고 한다. 끝으로 알라의 영광은 너무 커서 그가 아들을 가질 리가 없다는 것이다."[34]

이처럼 길크리스트는 이 세 칭호가 들어있는 이 구절이 예수 신성에 대한 삼중적인 거부로 가장 포괄적 거부를 하고 있음을 먼저 인정한다. 그리고 그 다음으로 이 공동기반, 이 구절에 언급된 예수의 세 칭호에 주목한다. 그는 먼저, 코란이 이싸에게 '마씨흐' 곧 '메시아'란 칭호를 부여하고 있는 것에 근거해, '메시아' 고유의 의미를 성서적 배경에서 밝혀주며, 메시아의 칭호를 가진 예수의 위엄, 탁월성의 지위를 증거할 것을 제안한다.

그리고 '그의 말씀'이라는 칭호의 의미에 대해서도, "꾸란이 아무런 설명도 없이 그 칭호(하나님의 말씀)를 예수님께 돌린다는 점에서, 우리는 그 칭호의 궁극적인 의미를 찾고자 우리의 시선을 성경으로 향하여야 한다."[35]고 말하며 이 칭호에 대한 의미를 성경을 통해 설명한다.

그러나 길크리스트는 '그로부터의 영'이라는 칭호에 대해서는, 성경의 설명으로 바로 가지 않고, 이 영을 '알라에게서 오는 신성한 영(divine spirit)'으로 설명한 유수프 알리(Yusuf Ali)의 해석에 의존해, 코란은 삼위일체를 무의

---

34 길크리스트, 『무슬림에게 복음 전하기』, 187.
35 길크리스트, 『무슬림에게 복음 전하기』, 194.

식적으로 지지한다고 말한다.[36] 그는 이 칭호에 대해서만은 다른 칭호에 비해 코란의 지지를 얻으려는 시도를 많이 보이고 있어 아쉬움을 남긴다.

3. 십자가 사건

길크리스트는 또한 십자가 사건에 대한 코란의 진술과 그 다양한 해석에 대한 이해를 토대로 예수 십자가 복음을 구체적으로 증거하는 방법을 제시한다. 이는 그의 책 *The Christian Witness to the Muslim*[37]에서 확인된다. 그는 코란의 십자가 사건을 다룬 4:157절[38]에 대해 일부 그리스도인이 기독교에 유리한 해석을 하고 있음을 지적한다.

> 일부 기독교인은 이 구절이 유대인들이 예수를 십자가에 못박았다는 것을 부정하는 것이며, 예수를 십자가에 못박은 주체는 '알라' 혹은 '로마 군병'이라는 숨은 의미를 지닌 것이라고 해석한다. 이러한 해석을 통해 무슬림들이 좀 더 쉽게 십자가를 역사적 사실로 받아들이도록 코란 안에서 주도권을 잡고자 하며, 무슬림들이 예수 십자가 안에 있는 구속적 강조점을 받아들이도록 디딤돌로 삼고자 한다.[39]

그는 코란의 십자가 진술의 모호성을 직시하며, 코란의 십자가 사건에 대한 진술에 반하여(against) 복음을 제시할 수 있는 관점을 제시한다.

이렇게 길크리스트는 코란에 나타난 이싸의 독특성, 이싸의 칭호, 십자가 사건 등을 복음 증거를 위한 접촉점으로 삼되, 일차적으로 코란의 이싸에 대한 코란 고유의 관점을 파악한 후, 코란의 관점에 반하여(against) 성경의 바

---

36 길크리스트, 『무슬림에게 복음 전하기』, 200.

37 John Gilchrist, *The Christian Witness to the Muslim* (Benoni: Roodepoort Mission Press, 1988).

38 4:157 "그리고 그들은 '우리가 알라의 사도 마리아의 아들 이싸 알마씨흐를 죽였노라'라고 말하노라. 그들은 그를 죽이지 않았고 십자가에 못박지 않았노라. 그러나 그들에게 그렇게 보였을 뿐이라.…"

39 Gilchrist, *The Christian Witness to the Muslim*, 247.

른 관점을 제시하는 방법론을 취하고 있다.

IV. 증거법 1 에 대한 비판과 증거법 2 제안

1. 증거법 1 "코란의 '이싸' 에 대한 기독교적 해석을 통한 증거법" 비판

증거법 1 의 이싸에 대한 기독교적 해석은 몇 가지 문제점들을 야기시킨다. 이싸에 대한 기독교적 해석은, 코란에 대한 기독교적 사용의 큰 맥락에서 이해할 필요가 있다.

1) 신학적 문제

(1) 경전 권위의 충돌

윌리엄 성 클레이어 티스달(William St. Clair Tisdall)은 자신의 코란 사용이 코란에 어떤 권위를 주는 것이라는 사실은 부인하면서, 단지 기독교에 반(反)하는 무슬림들의 주장 중 많은 것이 유지될 수 없음을 무슬림들의 관점에서 그들에게 보여주고자 하는 것이라고 주장한다.[40] 또한, 낙타 전도법을 소개하는 캐빈 그리슨 역시 낙타 전도법이 결코 코란의 계시성을 인정하는 것이 아니라고 주장한다.[41]

그러나 코란의 권위를 이용해 무슬림에게 복음을 확증하고 이를 통해 무슬림을 다시 코란과 단절시키고자 하는 것은, "코란이 마치 한 번에 그리고 동시에 신적 권위를 소유하기도 하고 소유하지 않기도 하는 것처럼"[42] 취급

---

40 샘 쉴로르프, 『무슬림 사역의 선교학적 모델』, 김대옥·전병희 역 (서울: 도서출판 바울, 2012), 146.

41 그리슨, 『모슬렘을 위한 낙타 전도법』, 30.

42 쉴로르프, 『무슬림 사역의 선교학적 모델』, 153.

하는 것이다. 이것은 기독교적 해석을 하는 이들이 의도하지 않은 코란의 권위에 대한 암묵적 수락을 포함하는 모순을 보여주는 것으로, 무슬림 탐구자들과 개종자들 내면에 '경전 권위의 충돌'이라는 문제를 야기시킬 수 있다.

그럼에도, 기독교적 코란 해석가들이 이것을 문제 삼지 않고 있는 상황을, 샘 쉴로르프는 그의 글 "The hermeneutical crisis in Muslim evangelization"에서 이렇게 옮기고 있다.

> 나는 NACOM(North American Consultation on Muslim Evangelization)[43]에서 '7가지 무슬림-크리스챤 원리들'의 작가[44]와 대화를 가졌고, 그에게 이 문제를 제기했다. 그는 무슬림 개종자들이 코란에 대한 충성심에서 성경에 대한 충성심으로 이전하도록 무슬림들을 이끄는 것이 필요하다고 동의했다. 그러나 그는 무슬림이 그리스도에게 온 이후에 이것을 다룬다고 말했다.[45]

위의 답변자 푸아드 아카드(Fuad Elias Accad)가 보여주는 바대로, 전도자가 크게 문제삼지 않는 이런 방법론으로 인해 무슬림 탐구자는 궁극적으로 코란과의 단절을 의도하는 전도자로부터 부정직한 경험을 하게 하고, 개종자들 내면에 풀기 어려운 경전 권위의 충돌을 낳게 만드는 심각한 결과를 초래할 수 있다. 그리고 더 나아가 이렇게 전도를 받고 개종한 신자들로 형성된 교회 안에는 코란과 성경의 신학이 혼재한 혼합주의 내지는 포괄주의 풍토가 조성될 수 있다.

---

43 NACOME(North American Consultation on Muslim Evangelization)은 1978년 콜로라도 스프링에서 개최된 '무슬림 복음화를 위한 북미 회의'를 말한다. 여기에서 케네스 크랙이 쓴 보고서는 무슬림 복음화에서 코란이 가지고 있는 '기독교적 잠재력'을 사용할 것을 옹호하였다.

44 NACOME에서 회람된 소책자에는 사영리와 비슷한 '7가지 원리'의 증거로서 신구약과 코란의 본문이 인용되고 있다. 이 '7가지 원리'를 소개한, 푸아드 엘리아스 아카드(Fouad Elias Accad)는 이 원리들이 유대교, 기독교, 이슬람 모두에 일반적인 것으로 주장한다. 그러나 이 원리들은 사실 본문에 대한 복음주의적 해석을 나타내는 것으로, 유대교와 이슬람 어디에서도 지지 받지 못한다.

45 Samuel P. Schlorff, "The Hermeneutical Crisis in Muslim Evangelization," *Evangelical Missions Quarterly* (July 1980), 149.

이런 우려가 결코 과장되지 않은 것은, 푸아드 아카드의 방법론이 무슬림 공동체 안에 머물며 그리스도를 따르는 C5 신자[46]들에게 성경의 진리에 부합되는 것으로 해석되는 곳에서는 코란을 인정하고 받아들일 수 있게 만드는 거점을 제공하고 있기 때문이다.

존 트라비스(John Travis)는 푸아드 아카드의 방법론이 C5 신자들의 임무인 '코란과 무함마드에 대한 재해석'을 위한 출발점을 제공함을 다음과 같이 언급한다.

> C5 신자들의 목표는 그들의 신앙에 대해 침묵하지 않고 그리스도를 증거하는 것이다. 그들이 복음을 나눌 때, 결국 무함마드의 선지성과 코란의 무오류성에 관한 문제가 대두된다. 예수를 따르는 이들은 코란과 무함마드에 관한 모든 것에 동의할 수 없다. 무함마드와 코란의 어떤 측면은 재해석되어야 한다. …재해석은 그리스도에 대한 신앙을 갖게 된 무슬림 지도자의 지식이 요구된다. 재해석을 위한 한 거대한 출발점이 푸아드 아카드의 훌륭한 저서 *Building Bridges* (1997)에서 발견된다. 그는 무함마드와 코란, 그리고 십자가를 부인한 코란 구절이 재해석될 수 있는 방법을 제시한다.[47]

C5 신자들에게는 코란과 무함마드와 전통적 무슬림 신학을 성경적 관점에서 판단하고 재해석하여, 성경적으로 받아들일 수 있는 이슬람의 신념과 관습은 유지하고, 그렇지 않은 것은 조정하거나 거절하는 작업이 요구되는

---

46 존 트라비스(John Travis)는 무슬림 사회에서 볼 수 있는 '그리스도 중심의 공동체' 유형을 상황화의 정도에 따라 C1에서 C6 스펙트럼으로 분류 제시하였다. C5 공동체는 무슬림 공동체 내에서 그리스도를 중심으로 모이는 무슬림들의 모임이다. 이들은 메시아적 유대인 운동과 비슷하게 이슬람 신학 중에서 성경과 양립할 수 없는 측면들은 거부하거나 재해석한다. 무슬림들은 C5신자들이 신학적으로 표준에서 벗어난 무슬림으로 보며, C5 신자들은 자신들을 '메시아 이싸를 따르는 무슬림'이라고 칭한다 John Travis, "The C1 to C6 Spectrum," *Evangelical Missions Quarterly* (July 1996), 304-310.

47 John Travis, "Two Responses," *Evangelical Missions Quarterly* (October 1998), 414.

데,[48] 성경적으로 받아들일 수 있다고 하는 코란의 측면이 사실은, 푸아드 아카드의 사례가 보여주는 자의적인 기독교적 해석이라는 기반 위에 있다. 결과적으로 푸아드 아카드의 방법론은 C5 신자들에게 있어 코란과의 완전한 단절보다는 코란의 일부는 받아들일 수 있다는 합리화를 위한 단서를 제공하고, C5 혼합주의[49]에 연루되고 만다.

이렇게 경전의 권위 충돌의 문제를 야기시킬 수 있는 사례를 낙타 전도법에서도 발견할 수 있다. 낙타 전도법의 실제 무슬림 전도지 'Camel Track'에는 다음과 같은 내용이 있다.

> 알라는 이사에게 성서를 가르쳤다. 팍카(true) 무슬림, 진정한 무슬림은 네 권의 성서 모두를 읽고 이해한다: 토라, 자부르, 인질, 코란. 알라는 무함마드에게(그에게 평강이 있을지니) 만일 하늘에서 온 메시지에 의문점이 생기면 이전의 성서들을 읽는 사람들에게 질문하라고 하셨다....나의 친구 중 한 명은 '이전의 성서'를 읽는 것이 자신을 온전한(complete) 무슬림으로 만드는 것 같다고 말하였다. 한 개의 다리를 가진 소는 바로 설 수 없다. 그러나 네 다리를 가질 때 그는 강해진다. '팍카 무슬림'은 모든 성서를 읽는다.[50]

---

48 Travis, "Two Responses," 414.

49 필 파샬은 C5에 대해 다음과 같이 설명한다: ① 신자들은 장래에 철수할 계획 없이 모스크에 남는다. ② 샤하다(이슬람의 신앙고백)를 지지한다. "알라 외에는 신이 없고, 무함마드는 그의 선지자이다." ③ 신자들은 하지(순례)를 할 수 있다. 곧, C5가 이슬람의 샤하다를 유지한다는 사실은 C5가 혼합주의임을 보여준다. 필 파샬, 『무슬림 전도의 새로운 방향』, 채슬기 역(서울: 도서출판 예루살렘, 2003), 76.
본인은 C5신자가 예수를 따르는 자신의 정체성과 이슬람의 정체성을 조화시키기 위해 다음의 요소들을 전제해야 한다는 사실에 근거해, C5는 혼합주의임을 비판한다: ① 이슬람의 알라와 기독교의 하나님은 동일한 신이다. ② 무함마드는 하나님의 선지자이다. ③ 무함마드에게 계시된 코란은 기독교와 그리스도, 성경에 대해 호의적이다.

50 Kevin Greeson, "Camel Track", www.losnavegantes.net/PDF-LIX /CamelBookletFinal.pdf. 2010년 5월 27일 (처음 접속). http://www.losnavegantes.net/PDF-LN/CamelBookletFinal.pdf 2013년 11월 25일 (최종 확인). 본 인용문은 Camel Track, page 11에서 발췌.

이 전도지는 토라, 자부르, 인질, 코란 모두를 읽어야 할 필요를, 소를 지탱해 주는 네 다리에 비유한다. 그러면서 진정한 무슬림은 이 네 권을 다 읽는다고 한다. 이런 비유는 무슬림이 성경을 읽도록 독려하기 위한 것이다. 그러나 이러한 진술은 그 무슬림이 예수를 영접하기로 결단한 후 코란과 완전히 단절하는데 걸림돌이 될 수 있다. 이 전도지는 이미 진정한 무슬림이 되는 조건이 성경과 코란을 알라의 계시된 경전으로서 함께 읽는 것이라고 가르치고 있기 때문이다.

(2) 기독교적 코란 해석의 근거로 삼는 성경본문 해석의 오류

기독교 진리를 전할 목적으로 코란을 기독교적으로 해석하는 이들은 성경의 몇몇 구절을 자신들의 입장에 대한 근거 본문으로 제시한다. 곧, 이 성경본문들이 '타종교의 문화 종교적 내용을 복음을 확증하는 신학적 출발점으로 삼는 것'을 정당화해 준다고 해석한다. 그러나 그들이 제시하는 성경본문들이 코란을 성경 진리의 확증을 위한 신학적 출발점으로 삼는 것, 곧 코란에 기독교적 해석을 하는 것을 허용한다고 해석될 수 없다.

첫째, 고린도 전서 9:22 이다. "약한 자들에게 내가 약한 자와 같이 된 것은 약한 자들을 얻고자 함이요 내가 여러 사람에게 여러 모습이 된 것은 아무쪼록 몇 사람이라도 구원하고자 함이니……" 여기서 바울은 '그 자신이 여러 사람에게 여러 모습이 된 것은 그 영혼을 구원하기 위함'이라고 이야기하고 있다. 이 바울의 이 진술은 이슬람권 선교사들에게 '무슬림들을 그리스도께로 인도하기 위해 무슬림처럼 되어야 한다'는 것으로 해석되었는데, 이것은 이슬람의 형식을 무분별하게 빌어와서 복음을 전달하는 도구로 삼는 위험한 상황화의 근거로 오용되었다. 물론 이 본문은 코란 안에서 복음을 확증하는 방법론의 근거 본문이 되었다.[51]

그러나 이 구절에 대해 쉴로르프는 적절한 해석을 해준다.

---

51 쉴로르프, 『무슬림 사역의 선교학적 모델』, 226.

이 구절은 우상에게 바쳐진 고기를 먹는 문제에 관한 고린도 교회의 논쟁을 다루고 있는 긴 구절의 일부이다(고전 8-10장). 이 구절은 더 많은 사람을 그리스도께 인도하기 위해 자신의 자유를 자발적으로 제한하는 사도 바울의 예를(19절) 고린도교회 성도들이 따를 만한 모델로 언급하고 있다.…그러나 그것은 문화의 종교적인 내용을 신학의 출발점으로 활용하는 문제에 대해서는 다루지 않는다.[52]

곧 이 구절이 성경의 맥락에서 의도하는 바는 '한 이방 영혼을 얻기 위해 자신의 자유를 자발적으로 제한하라'는 것이다. 따라서 이 구절은 이방 종교의 형식과 내용이 기독교 진리를 지지해 줄 신학적 출발점이 될 수 있다는 어떤 암시도 하지 않는다.

둘째, 사도행전 17:23, 28이다. 바울이 아덴에서 행한 아레오바고의 연설에서 '알지 못하는 신'을 언급하고 헬라 시인을 인용한 이 본문들 역시, 기독교의 가르침을 지지하기 위해 코란을 사용하는 것을 정당화해 주는 선례로 여겨진다.[53] 푸아드 아카드 또한 사도행전 17:22-34의 아레오바고 연설에 근거해 자신의 코란 사용의 입장을 펼친다.[54] 그러면서 푸아드는 복음을 전하기 위해 코란을 인용하는 것을 무슬림들이 편안하게 여기는 'comfort zone'에서 대화하는 것이라고 이야기 한다.[55]

그러나 위 본문의 23절의 '알지 못하는 신'이란 이름의 아덴의 제단과 28절의 헬라 시인들의 시는 바울이 복음을 전하기 위한 접촉점이었던 것은 분명하나, 그것이 바울이 이 본문의 정황에서 전하고자 했던 예수와 그의 부활(18절), 그리고 예수에 의해 이루어질 종말론적 심판(31절)이라는 기독교 진리를 확증하는 근거점은 아니었다.

52 쉴로르프, 『무슬림 사역의 선교학적 모델』, 233.
53 쉴로르프, 『무슬림 사역의 선교학적 모델』, 226.
54 아카드, 『기독교와 이슬람 사이에 다리놓기』, 36.
55 아카드, 『기독교와 이슬람 사이에 다리놓기』, 26.

'알지 못하는 신'이란 이름의 제단은, 아덴 사람들의 다신주의를 반영하는 것이며, 이 다신주의적 표현 이면에는 유일신, 참 하나님에 대한 갈망이 숨겨진 것이기에, 바울은 참 하나님을 향한 이 숨겨진 갈망을 접촉점으로 삼은 것이다. 헬라 시인들의 시 인용문, '우리가 그를 힘입어 살며', '우리가 그의 소생이라'는 접촉점은, 바울이 24절부터 증거한 만유를 지으시고 세계의 질서를 정하신 하나님과 그 하나님께 대한 인간의 마땅하고도 적절한 반응에 대한 증거에서, 일반계시의 차원에서 사용한 접촉점이다. 이 헬라 시인들은 그들의 이교적 종교성 안에서도, 하나님이 모든 인간의 삶의 근원된다는 인간의 피조성에 대한 자각을 보여주었기 때문이다.[56]

이렇게 바울은 아덴 사람들의 신의식을 접촉점(23, 28절)으로 하였지만, 이 접촉점을 사용했던 시작점과 결론은 예수 그리고 그의 부활, 그의 심판(18, 31절)이었다. 즉 이 접촉점은 복음을 증거하기 위한 시발점이었지, 복음을 확증하는 근거점은 아니었다. 그리고 이 접촉점이 복음의 진리를 확증해 주는 근거점이 아니었음은 "바울이 아덴 사람들이 섬긴 것은 우상이라고 선언(29, 30절)한 것"[57]에서 더욱 분명해진다. 그러므로 이 본문은 코란에서 특별 계시를 확증하는 해석을 하는 근거본문이 될 수 없다.

(3) 코란의 기독교 진리에 대한 억제와 대체 효과 간과

이처럼 성경 본문에 대한 잘못된 해석에 의거하여 코란 안에서 기독교의 진리성을 설득 받고자 하는 것은, 기독교 진리를 억제하고 대체하는 코란의 효과를 간과하는 것이기도 하다. 이러한 효과는 코란의 세계관과 성경과 관련한 진술에서 확인된다.

첫째, 코란에 나타난 알라의 신관이 하나님에 관한 진리를 억압하고 그것

---

56 Johannes Nissen, *New Testament and Mission: Historical and Hermeneutical Perspective* (Frankfurt am Main: Peter Lang, 2007), 62-65.

57 David J. Hesselgrave, *Paradigms in Conflict: 10 Key Questions in Christian Missions Today* (Grand Rapid: Kregel Publications, 2005), 106.

을 거짓과 대체한다. 알라는 배타적 단일신관을 가지고 삼위일체 신관의 가
능성을 전적으로 배격한다. 알라의 전적 초월성은 알라를 인간에게 감추어
진 존재로 제시함으로써, 성육신을 통해 자신을 계시하시는 하나님을 부정
한다. 또한 코란은 알라의 절대적 자유를 강조한다. 곧 알라는 그가 원하는
대로 행하는 존재로서, 그는 무언가를 행할 때, 단지 '있으라'고 말하기만 하
면 된다(2:117; 19:35). 곧 알라는 누군가를 용서하고 싶다면, 어떤 구속도 필
요로 하지 않고 단순히 용서할 수 있는 자이다.[58] 이렇듯 코란은 알라가 마지
막 심판의 때에 인간의 행위에 대해 엄격한 결산을 할 것이라고 말하면서도,
또 알라의 의지(Will)의 최고성을 말하고 있어, 앞으로 되어질 일들이 엄격한
계산을 초월해서 이루어질 수도 있다는 불확실성을 남긴다. 이러한 불확실
성은 무슬림들에게 알라가 자신의 의지로 자비를 발휘하여, 그의 죄를 용서
해 줄 수도 있다는 희망을 갖게 하는 여지가 된다.[59] 알라의 의지가 모든 것
을 단순히 이루어 낼 수 있다는 코란의 관점은 죄의 용서와 구원을 위한 대
속을 불필요한 것으로 만든다. 이처럼 코란은 하나님에 관한 그리고 하나님
이 인간에게 제시한 구원에 이르는 지식에 관한 진리를 억압하고 거짓으로
대체하고 있다.

둘째, 코란의 죄관과 인간관은 하나님 앞에 범죄함으로 하나님과 분리된
인간의 실존에 대한 진리를 억압하고 거짓으로 대체한다. 코란은 인간의 죄
를 본성의 약함과 신의 율법에 대한 무지와 망각에서 비롯된다고 보고, 알라
의 지침만 있으면 인간은 얼마든지 자율적으로 알라 앞에서 선을 행할 수 있
는 존재로, 알라 앞에 고결한 존재로 본다. 이것은 일반 계시를 통해 우리의
도덕적 양심 속에 계시하는 하나님 앞에서 죄인된 자신으로서의 발견을 억
압하며, 인간의 현재적 모습을 지극히 정상적인 것으로 받아들이게 한다. 곧
하나님 앞에서의 인간 실존에 대한 진리를 억압하고 거짓으로 대체한다.

58 Africa Christian Press, ed., *Christian Witness Among Muslims* (Ghana: Africa Christian Press, 1971), 44.

59 Gorden Nickel, "Islam and Salvation: Some On-Site Observations," *Direction* (1994), 7.

셋째, 코란은 성경과 관련된 진술에 있어서, 성경의 진리를 오해 내지는 전면 부정하거나 성경적 의미를 상실한 왜곡된 진술의 형태를 갖고 있다. 이것은 무슬림들이 특별 계시인 성경의 복음 진리에 도달하는 것을 방해한다. 코란은 성경과 관련한 왜곡된 진술로써, 성서의 진리를 억제하고 대체한다.

2) 해석학적 문제

코란에서 핵심적인 기독교 교리를 증명하려고 하는 시도는 코란에서 무함마드가 본래 의도했던 고유 의미로부터 차단된 분파적 해석을 낳는다. 이는 무함마드가 결코 의도하지 않았던 것을 그가 실제로 말하고 의도했다고 설득하려는 것과 같다. 이 해석을 옹호하는 이들은 코란 안에서 발견되는, 성경과 유사한 단어와 문구를 무슬림 주석가나 무슬림 신학자들이 해석하는 방식과 전혀 다르게 해석한다. 이런 코란 본문의 고유 의미와 차단된 분파적 해석은, 텍스트에 대한 기본 해석의 원리를 따르지 않고 해석자가 자신의 전제를 가지고 텍스트를 다루었기 때문에 발생하는 것이다.

쉴로로프는 코란 본문이 의도하는 고유 의미를 바로 해석해 내는 세 가지 원리를 다음과 같이 제시한다: 첫 번째는 코란 본문의 의미를 코란의 원어인 아랍어의 체계와, 코란을 지배하는 세계관, 코란이 등장할 당시 문화와의 관계 속에서 파악하는 것이다. 이를 통해 코란을 생성시킨 무함마드 자신이 그 용어들을 어떤 의미로 사용하였고, 원래의 청중들은 어떻게 이해했는가를 찾아내는 것이다. 둘째는 무슬림 공동체의 코란 해석의 전제를 가지고 코란 해석을 시작하는 것이다. 셋째는 무슬림 공동체의 해석학적 전승을 고려하는 것이다. 성경해석에서처럼, 코란 해석의 중심에는 그 책을 신앙하고 그 해석학적 전승을 따라 살아가는 신앙 공동체가 있다. 이들의 해석학적 전승이 외부자들에 의해 간과되어서는 안 된다는 것이다.[60]

이런 해석의 원리가 지켜지지 않을 때, 텍스트 고유의미와 전혀 다른 분파

---

60 쉴로로프, 『무슬림 사역의 선교학적 모델』, 252-257.

적 해석이 나올 수 밖에 없다. 코란에 대한 기독교적 해석은, 성경에 대한 다양한 이단의 해석과 같다. 우리는 '성경이 자신의 해석자요, 해석의 모든 체계의 유효성을 최종 판단하는 자'라는 해석의 기본 원리를 인정하는 만큼, "코란이 그 자신의 해석자요, 코란의 해석에 대한 모든 방식의 유효성에 대한 최종 판단자가 되는 것을 허용해야 한다."[61] 그리할 때, 우리는 비로소 코란에서 발견하는 성경과 유사한 단어와 문구 등에 대한 코란 본래의 의도에 도달할 수 있다.

3) 관계적 문제

코란을 기독교적으로 해석하는 것은 무슬림과의 관계에 부정적인 영향을 끼칠 수 있다. 코란에 대한 기독교적 해석을 통한 접근은 무슬림들의 반발을 사고, 관계를 악화시켜 선교사역을 더 어렵게 만들 수 있다. 그것은 먼저 정직성의 면에서 그렇다. 앞서 언급한 대로, 궁극적으로 코란과의 단절을 통해 무슬림을 성경의 그리스도께 나오게 하기 위해, 임시적으로 코란의 권위를 수락하는 것과 그래서 코란을 읽도록 독려하는 것은 무슬림들에게 정직한 행동이 아니다. 이런 전도법은 선교사가 코란을 악용하여 무슬림을 이슬람으로부터 멀어지게 하려 했다는 비난을 야기 시킬 가능성이 더 높다.

2010년 3월 23-24일에 있었던 Call of Hope에서 주관한 상황화 세미나의 초대 강사들은 이런 전도법을 통해 무슬림의 비난을 초래한 사례를 다음과 같이 언급했다: 얼마 전 모로코에서 선교사들이 추방되었다. 그 후 기독교에 대해 연구한 모로코 학자를 인터뷰했는데 그는 "(선교사들이) 신성한 코란을 인용하면서 나쁜 짓을 했다. 그들은 기독교가 이슬람과 다른 것이 없다고 위장하여 (선교를) 했다"고 말했다.[62]

또한 이러한 접근법은, 무슬림들이 성경을 자의적으로 해석하고 악용하

61 Schlorff, "The hermeneutical crisis in Muslim evangelization," 147.
62 2010년 23-24일 Call of Hope 주관 상황화 세미나 강의 자료 및 녹취 자료.

는 것에 대해 그리스도인들이 비판할 수 있는 근거를 약화시킨다. 곧 무슬림들이 성경을 자의적으로 해석하는 것을 그만두고, 성경의 맥락에서 성경을 배워가도록 전도자가 독려하는 것을 어렵게 할 수 있다.

2. 증거법 2 "코란의 '이싸'와 성경의 '예수'의 차별성에 기초한 증거법" 제안

앞서 살펴본 코란에 대한 기독교적 해석의 문제점은, 코란의 이싸는 코란의 맥락 속에서 해석하고, 이를 통해 분별된 이싸와 예수의 차별성을 토대로 성경의 '예수'를 증거하는 방식으로 전도해야 함을 보여준다. 코란의 이싸를 코란의 배경 속에 둘 때, 우리는 코란에 대한 기독교적 해석이 야기시키는 경전의 충돌과 같은 신학적 문제, 그리고 해석학적, 관계적 문제점들에서 자유로울 수 있으며, 또한 코란의 이싸 이해를 토대로, 성경의 예수를 어떻게 증거할지에 대한 올바른 방향성을 파악할 수 있다.

그러므로, 코란의 이싸에 대한 올바른 해석학적 접근과 활용법의 안으로 두 번째 증거법, '이싸와 예수의 차별성'에 기초한 복음 증거법을 제안하고자 한다. 그리고 이런 증거를 위한 전제적 요소를 다음과 같이 제안한다.

1) 텍스트 해석의 원칙에 의거한 코란 해석

우선적으로, 텍스트 해석의 원칙에 의거해 코란 해석을 하는 것이다. 해석자의 가정과 전제가 텍스트 고유의 의미를 저해하지 않도록, 텍스트 고유의 의미를 찾아 해석하는 것이다.

쉴로르프가 제안하는 코란 해석 원칙, 즉 코란 본문의 의미를 코란의 원어와 문맥, 세계관 속에서 이해하고, 무슬림 공동체가 코란을 해석하는 동일한 전제를 가지고 코란 해석을 시작하는 것, 그리고 성경해석에서처럼, 코란을 신앙하는 무슬림 공동체의 해석학적 전승을 간과하지 않는 것은 매우 중요

하다.[63]

그러므로 코란의 이싸를 복음을 전하는 '접촉점'으로 삼을 때, 코란에서 발견되는 어렴풋한 성서적 정보들, 이싸의 동정녀 탄생, 이싸의 기적, 이싸의 십자가 사건, 이싸의 재림, 이싸의 칭호들은, 일차적으로 코란의 문맥과 세계관의 배경에서 비롯된 코란의 관점으로 파악되어야 한다.

2) '이싸'와 '예수'의 차별성 인정

이런 텍스트 해석의 원칙을 따른 해석은 당연히 이싸와 예수 간의 불일치를 보여준다. 바빙크는 기독교와 타종교 사이의 불일치를 이렇게 표현한다.

> 이교 신앙의 어둠으로부터 복음의 빛으로 이어지는 어떤 직접적이고 연속적인 길은 없다. 그 길을 따라가다 보면 어느 경계점에서 우리는 우리가 가진 놀라운 차이들을 지적하기 위해 멈춰 서야만 한다. 그것 없이 우리의 논증은 그치지 않을 것이며, 그것은 위험하고도 오해를 부르게 될 것이다. 이교 신앙에서 기독교로의 전환은 연속적이고 매끈하지 않다.[64]

곧 복음과 타종교 사이를 연속적으로 연결시켜 줄 수 있는 길은 결코 존재하지 않으며, 그 둘 사이를 가르는 분명한 차이의 경계점은 반드시 존재한다. 그리고 이 차이의 경계점은, 정직한 텍스트의 해석에서 당연한 귀결로 나타날 수 밖에 없다.

그러므로 데이비드 헤셀그레이브(David J. Hesselgrave)가 복음의 효과적 전달을 위해 추구해온 '공동기반의 모색'에 대해 비판적 관점을 제시하는 것은 타당하다. 그는 기독교와 비기독교 신앙 간에 유사성이 있다는 견해를 갖고

---

63 쉴로르프, 『무슬림 사역의 선교학적 모델』, 252-257.

64 J. H. Bavinck, *Introduction to the Science of Missions*, 136-137, 쉴로르프, 『무슬림 사역의 선교학적 모델』, 235에서 재인용.

이를 공동기반으로 삼는 것의 문제점을 지적한다. 그는 그 유사성이 '성도에게 단번에 주신 믿음의 도(유다서 3)'가 비기독교 안에도 있는 것으로 이해된다면 이러한 접근은 문제가 있다고 단호하게 말한다.[65]

타종교 안에 우리의 복음을 확증해 줄 수 있는 기반은 없다. 따라서 우리의 증거는 바로 기독교 복음과 타종교 안에 있는 차별성에 대한 인식과 인정으로부터 시작해야 한다. 하나님의 특별 계시가 만드는 당연한 차별성의 인정은 기독교적 코란 해석으로 자의적으로 만들어낸 이싸와 예수의 유사성보다 더욱 복음 전달에 효과적일 수 있다. 데이비드 헤셀그레이브(David J. Hesselgrave)의 말은 이것을 지지해 준다.

> 비유사성이 그리스도와 복음을 전하는데 있어서 유사성보다 더 유용한 것으로 입증될 수 있다.…기독교 신앙(그것의 모든 관행에서는 아닐지라도 계시의 면에서는)은 절대적으로 독특하다. 그와 같은 신앙은 없다.…그 목표가 누군가를 개종시키고 제자 삼는 것이라면, 종종 우리의 차이를 지적함으로써 의사소통이 더 향상 될 수 있다. 사람들은 성서의 죄(sin)와 Shinto의 *tsumi*가 같지 않다는 것을 알아야 할 필요가 있다. 복음에서의 은혜(grace)는 Mahayana에서의 *karuna*(mercy)와 같지 않다.… 그러한 한 쌍의 주제들은 가정된 유사성보다는 대조의 수단으로 보다 분명하게 전달 될 수 있다.[66]

곧, 그는 기독교와 타종교 간에 가정된 유사성이 아니라 차별성 속에서, 그리스도 복음과 그 혜택이 바로 전달될 수 있음을 말한다. 그러므로 래리 포스톤(Larry Poston)도 전도자는 이런 복음이 지닌 독특성, 타종교와의 차별성을 드러내는 데 능숙해야 함을 다음과 같이 강조한다.

---

65 Hesselgrave, *Paradigms in Conflict*, 100, 103.
66 Hesselgrave, *Paradigms in Conflict*, 105.

세계 선교를 감당하기 위해, 기독교인들은 가정된 '접촉점'[67]을 강조하기 보다, 기독교와 타종교의 차이점을 드러내는데 능숙해져야 한다. 기독교 성서에 있는 신학적, 기독론적, 구원론적 진리들이 선포되어야 한다. 그리함으로 타종교의 신념들과의 대조가 강조 되어야 한다.…복음의 혜택(시 103:2-5)은, 인간의 타락, 심판, 그리스도안에서 하나님이 주신 유일한 구원의 수단에 관한 복음 메시지를 약화시킴이 없이 분명하게 설명되어야 한다.[68]

그러므로 전도자에게 코란의 이싸와 성경의 예수의 차별성은 분명히 직시되어야 하고, 또 그 차별성에 대한 인정과 전제 하에 복음이 정직하게 증거되어야 한다.

3) 이싸: 예수 증거를 위한 소통의 출발점

그렇다면 여기서 성경의 예수와 분명한 차별을 지닌 코란의 이싸는 복음 증거에서 어떤 역할을 하게 될지가 자명해진다. 코란의 이싸가 성경의 예수 복음을 신학적으로 지지해 줄 수 없음이 자명하다. 그러므로 이싸와 예수의 차별성에 기초한 증거의 세 번째 전제는, '이싸'는 기독교 진리를 코란 안에서 확증하기 위한 '신학적 출발점'이 아닌 성경의 복음으로 나아가기 위한 시발점, '소통의 출발점(Communicational starting point)'[69] 곧, 성경적 진리를 전달하는 '문화적 출발점(Cultural starting point)'[70]이 되게 해야 한다는 결론에

---

67 여기서 '접촉점'이란, 앞서 데이비드 헤셀그레이브 (David J. Hesselgrave)가 언급한, 타종교에 존재한다고 가정하는 기독교와의 유사성, '공동 기반'과 같은 의미다. 곧 타종교 안에서 '복음을 설명하고 지지해 줄 수 있는 기반'으로 보는 것을 의미한다.

68 Larry Poston, "Evaluating 'A Common Word': The Problem of Points of Contact," *Evangelical Missions Quartely* (2010), 68.

69 쉴로르프, 『무슬림 사역의 선교학적 모델』, 236.

70 쉴로르프는 '소통의 출발점'으로 그리고 William J. Saal은 '문화적 출발점'으로 명명했다. 쉴로르프, 『무슬림 사역의 선교학적 모델』, 236, William J. Saal, *Reaching Muslims for Christ* (Chicago: Moody Press, 1991), 152.

이른다.[71]

그런데 이싸에 대한 기독교적 해석의 방법은 이싸를 코란 안에서 복음을 확증하는 '신학적 출발점'으로 삼은 것이다. 이런 해석 방법은 코란에서 예수를 희미하게 지시하는 이싸의 독특성을 나타내는 구절과 이싸의 일부 칭호에 의존하여 코란이 이싸의 신성을 지지하는 것처럼 해석한다. 또한 십자가 사건에 대해서도 이싸의 죽음을 해석하는 분파적 해석을 선택하며, 여기에 코란의 인간관과 구원관은 무시한 채, 이싸의 죽음을 37:107절이나 이슬람의 희생제물과 연관시켜, 알라가 이싸의 구속적 죽음을 계획한 것으로 해석한다. 이를 통해 코란의 알라는 이싸를 통해 인류 구속을 계획하는 신으로서 성경의 하나님과 다르지 않은 것처럼 제시된다.

그러나 이싸를 복음 증거를 위한 '소통의 출발점'으로 삼는 것은, 코란에서 성경적 의미를 오해하는 부분, 곧 예수의 신자성(하나님의 아들 되심)과 삼위일체 신관에 대한 반박으로 보이는 구절을, 성경을 통해 그 오해를 해소시켜주는 출발점이 되게 하는 것이다. 그리고 코란이 성경과 다른 의미를 함의하고 있거나 혹은 그 의미를 전혀 설명하고 있지 않음으로 인해 성경적 의미를 상실하고 있는 부분, 곧 이싸의 독특성, 이싸의 칭호 등에 대해서는 성경을 통해 그 의미를 밝혀주는 출발점이 되게 하는 것이다. 그리고 코란이 그 사실성을 반박하고 부정하고 있는 부분, 곧 예수의 신성, 대속적 죽음에 대

---

71 코란의 이싸를 신학적 출발점으로 삼는 것, 그리고 소통의 출발점 혹은 문화적 출발점으로 삼는 것은 성경을 타문화적으로 해석하기 위해 사용된 해석학적 방법에서 비롯된다. 이 해석학적 방법은 크게 두 가지로 나눌 수 있는데, 그것은 통합적 방법과 분석적 방법이다. 이싸를 신학적 출발점으로 삼는 것은 통합적 방법 위에, 그리고 이싸를 소통의 출발점으로 삼는 것은 분석적 방법 위에 놓여 있다. 이 두 가지 방법에 대해 윌리암 살(William J. Saal)은 다음과 같이 설명한다:
① 통합적 접근법: 이 방법은 이슬람 안에서 출발하여 상황화하는 것이다. 이는 이슬람과 기독교의 관점을 좁히는 시도를 하면서, 일종의 변증법적 연합으로 코란을 신학적 출발점 혹은 진리의 근원으로서 다양한 방법으로 사용한다. 이 방법은 신학적 모호성으로 특징 지워진다. 그리고 성경의 권위를 삭감시킬 수 있다. 그의 메시지를 왜곡시키면서, 심지어 바른 의도를 가지고 있다 할 지라도, 그것은 통합의 덫에 빠질 수 있다. 이슬람 문화의 외부자로서, 우리는 우리가 어떤 형식을 사용하였을 때 전달 되어지는 의미를 잘 모를 수 있다. 경계와 주의가 필요하다.
② 분석적 접근법: 이와 대조적으로 각 책을 각각의 관점에서 이해하는 것이다. 그들은 코란을 신학적 진리의 근원으로 사용하는 것이 아니라, 성경적 진리를 전달하기 위한 문화적 출발점으로서 사용한다. 원리의 면에서 이슬람과 기독교의 관점을 좁히려는 시도를 하지 않는다. 기본적 추진력은 분석이다. 각각의 책을 자신의 사고의 범주에서 이해하는 것이다. 코란으로부터 그리고 무슬림 문화로부터 성경적 메시지를 전달하기 위한 도구로써 적절한 언어적 그리고 문화적 형태를 사용하는 것이다. Saal, *Reaching Muslims for Christ*, 152.

해서는 성경적 사실(fact)을 들려주는 출발점이 되게 하는 것이다.

그러므로 예수 증거를 위한 '소통의 출발점'으로써의 이싸는, 코란의 이싸의 관점에 반해(against) 증거될 성경의 예수 복음을 향한 도약점(spring board)이 되는 것이다. 성경의 예수 복음을 향한 도약점, 소통의 출발점으로서의 이싸는, 그 관점에 반하여(against) 복음이 증거 되어야 할 무슬림 영혼의 현주소이다.

존 길크리스트(John Gilchrist)는 우리의 복음이 그들의 영혼의 현주소에서부터 증거되어야 함을 아래와 같이 잘 묘사하고 있다.

> 우리는 침투해 들어갈 필요가 있다. 우리는 무슬림들을 그들이 있는 곳에서 도전해야 한다. 그리고 그들 자신의 배경에 반하여, 무슬림들의 예수에 대한 관점에 반하여…복음을 제시함으로써 상고(reflection)의 과정을 자극할 필요가 있다.[72]

V. 결론

본고는 무슬림 복음화 노력에 지속적으로 등장하여 왔고, 오늘날에는 낙타전도법을 통해 고조되고 있는 "코란 사용을 통한 전도법"을 비판적으로 고찰하고자 하였다. 이러한 코란 사용을 통한 전도법에는 당장에 전도효과를 쉽게 얻을 수 있다는 실용적인 목적으로 인해 결코 묵과하거나 간과해서는 안 될 요소들이 내재되어 있기 때문이다. 기독교인은 복음 전도를 위해 코란에 대해 어떤 태도를 가져야 하는지, 그 방향성을 찾아 코란의 '이싸'를 접촉점으로 한 복음 증거법을 살펴보았다.

이 복음 증거법은 전도자의 코란에 대한 해석학적 태도에 따른 두 가지 방법론을 보여주는데, 그 첫 번째는, 코란의 이싸를 기독교적으로 해석하여 코

---

72 Gilchrist, *The Christian Witness to the Muslim*, 85.

란에서 복음의 확증을 얻어 복음을 증거하는 방법이고, 두 번째는, 코란의 이 싸를 코란의 맥락에서 파악하고, 이를 통해 분별한 이싸와 예수의 차별성을 토대로 성경을 통해 복음을 증거하는 방법이다. 본고는 이 두 가지 증거 방법 의 사례들을 각각 살펴봄으로써 전도자가 코란에 대해 어떤 해석학적 태도 를 취하고 복음 전도를 위해 코란이라는 거점을 어떻게 활용하고 있는지를 비교 검토하였다.

그리고 그 첫 번째 증거법, 즉 코란의 이싸를 기독교적으로 해석하여 복음 을 증거하는 방법에는 신학적 해석학적 관계적 문제점들이 내재되어 있음 을 살펴보았다. 신학적 문제점은, 이러한 방법이 무슬림 탐구자들과 개종자 들의 내면에 '경전 권위 충돌'의 문제를 야기시킬 수 있고, 코란이 성서의 진 리를 억제하고 대체하는 효과를 간과하고 있다는 것이다. 또한 이런 기독교 적 코란 해석을 지지하는 것으로 제시되는 성경 본문은 그 지지기반으로 보 기에는 재해석이 요구되는 문제점을 안고 있다. 해석학적으로 볼 때 이런 기 독교적 해석은 해석자 자신의 가정과 전제를 가지고 코란을 자의적이고 독 단적으로 해석하는 것이다. 무슬림과의 관계적 측면에서도 무슬림들에게 전 도자가 코란을 악용한다는 반발을 삼으로써 관계를 악화시키고 선교 사역을 더 어렵게 할 수 있다.

이런 문제점으로 볼 때 전도자가 코란의 이싸에 대해 취해야 할 바람직한 해석의 태도는, 우선적으로 코란의 맥락에서 그 의미를 해석하고 파악해야 하는 것임을 반증한다. 그러므로 전도자는 이런 해석 태도를 기반으로, 이를 통해 분별된 이싸와 예수의 차별성에 기초해 복음을 증거하는 자세가 요구 된다. 즉 코란의 이싸의 관점에 대한 바른 인식을 토대로, 그 관점에 반하여, 코란이 아닌 성경을 통해 복음을 제시하는 자세가 요구된다. 따라서 코란의 이싸가 복음 증거에서 갖는 의미는 코란에서 복음을 확증해주는 신학적 출 발점이 아닌, 성경의 예수 증거를 향한 도약점(spring board)이요 소통을 위한 출발점이다. 왜냐하면, 전도자는 그 이싸의 관점에 반해(against) 성경의 예수 를 증거할 것이기 때문이다.

이싸를 접촉점으로 한 바람직한 우리의 증거는 이싸와 예수의 차별성에 기초한 복음 증거 방법이어야 한다. 이 증거법은 오직 텍스트 해석 원칙에 의거한 코란 해석, 이싸와 예수의 차별성 인정, 예수 증거를 위한 소통의 출발점으로써의 이싸 이해를 기반으로 하고 있다.

요컨대, 전도자의 코란 해석 태도에 따라 살펴본 코란의 이싸를 접촉점으로 한 복음 증거 방법의 고찰 결과는, 전도자가 코란에 대해 어떤 해석의 태도와 활용의 자세를 취해야 할 지 그 방향성을 제시해 준다. 그것은 바로 전도자가 코란에 대해서 텍스트 해석의 원칙에 준한 접근과 성경과의 엄연한 차별성을 인식한 정직한 활용을 해야 하며, 복음 증거는 코란이 아닌 성경의 말씀에 근거하여, 오직 성경의 권위 위에서 증거하는 것이다. 이것이 바로 "코란을 사용한 전도" 특별히 "기독교적 코란 해석을 통한 전도법"의 호도를 마주한 우리가 취할 바른 복음 증거의 태도이다.

● 참고문헌

그닐카, 요아힘. 『성경과 코란: 무엇이 같으며 무엇이 다른가』. 오희천 역. 서울: 도서출판 중심, 2005.

그리슨, 케빈. 『모슬렘을 위한 낙타 전도법』. 이명준 역. 서울: 요단출판사, 2009.

길크리스트, 존. 『무슬림에게 복음 전하기』. 김대옥·전병희 역. 서울: 도서출판 대장간, 2012.

롬멘, 에드워드 & 네틀랜드, 헤롤드 편. 『세계종교에 대한 성경적 신학: 기독교와 타종교』, 정홍호 역. 서울: 도서출판 서로사랑, 1998.

마씨흐, 압둘. 『무슬림과의 대화』. 이동주 역. 서울: 기독교문서선교회, 2001.

마우러, 안드리아스. 『무슬림 전도학 개론: 이슬람 이해와 무슬림 친구와의 대화를 위한 크리스챤 지침서』. 이승준·전병희 역. 서울: 기독교문서선교회, 2011.

모우캐리, 쇼캣. 『기독교와 이슬람의 대화: 아랍 그리스도인이 본 이슬람』. 한국이슬람연구소 역. 서울: 예영커뮤니케이션, 2003.

쉬르마허, 크리스티네. 『이슬람과 기독교 교의』. 김대옥·전병희 역. 서울: 도서출판 바울, 2010.

쉴로르프, 샘. 『무슬림 사역의 선교학적 모델』. 김대옥·전병희 역. 서울: 도서출판 바울, 2012.

아카드, 푸아드 엘리아스. 『기독교와 이슬람 사이에 다리 놓기: 예수를 우리 사람이 되게 하라』. 김요한·전병희 역. 서울: 도서출판 대장간, 2012.

파샬, 필. 『무슬림 전도의 새로운 방향』. 채슬기 역. 서울: 도서출판 예루살렘, 2003.

Abdul-Haqq, Abdiyah Akbar. *Sharing Your Faith with a Muslim*. Minnesota: Bethany House Publishers, 1980.

Abdullah, Yusuf Ali., ed & trans. *The Holy Qur'an-Text, Translation and Commentary*. Lahore: Asharf Printings Press, 1993.

Accad, Fuad Elias. "The Qur'an: A Bridge to Christian Faith." *Missiology* 4 (1976).

Africa Christian Press, ed. Christian Witness Among Muslims. Ghana: Africa

Christian Press, 1971.

Ali, Michael Nazir. *Frontiers in Muslim-Christian Encounter*. Oxford: Regnum Books, 1987.

Bourne, Phil. "Summary of the Contextualization Debate," *St Francis Magazine* 5:5 (2009).

Gaudeul, Jean-Marie. *Encounters & Clashes: Islam and Christianity in History*. Rome: Pontificio Istituto di Studi Arabi e Islamid, 1984.

Gilchrist, John. *The Christian Witness to the Muslim*. Benoni: Roodepoort Mission Press, 1988.

Hesselgrave, David J. *Paradigms in Conflict: 10 Key Questions in Christian Missions Today*. Grand Rapid: Kregel Publications, 2005.

Nicholas, Laurie Fortunak & Corwin, Gary, eds. *Envisioning Effective Ministry: Evangelism in a Muslim Context (An EMQ Monogram)*. Wheaton, IL: Evangelism and Missions Information Service, 2010.

Nissen, Johannes. *New Testament and Mission: Historical and Hermeneutical Perspective*. Frankfurt am Main: Peter Lang, 2007.

Parrinder, Geoffrey. *Jesus in the Quran*. Oxford: Oneworld Publications, 1996.

Poston, Larry. "Evaluating 'A Common Word': The Problem of 'Points of Contact'," *Evangelical Missions Quartely* (2010).

Raynolds, Gabriel Said. "Reading the Qur'an Through the Bible," *First Things no. 197* (2009).

Saal, William J. *Reaching Muslims for Christ*. Chicago: Moody Press, 1991.

Schlorff, Samuel P. "The Hermeneutical Crisis in Muslim Evangelization," *Evangelical Missions Quarterly* July 1980.

Swanson, Mark N. "Beyond Prooftexting: Approaches to the Qur'an in some early Arabic Christian Apologies," *The Muslim World vol. 58* (1998).

Travis, John. "The C1 to C6 Spectrum," *Evangelical Missions Quartely* (1996).

_____ . "Two Responses," *Evangelical Missions Quartely* (1998).

〈기타〉

2010년 23-24일 Call of Hope 주관 상황화 세미나 강의 자료 및 녹취 자료

Greeson, Kevin. "Camel Track" available from http://www.losnavegantes.net/ PDF-LN/CamelBookletFinal.pdf 2013년 11월 25일 최종 접속.

_____. "Camel Training Manual" available from www.30-days.net/shop/down- load, 38. 2014년 8월 4일 최종 접속.

Concept of Peaceful Co-Existence in Classical and Modern Islamic Thought: Views of Qardawi, Zuhayli & Gulen

● 서평

'이슬람주의: 현대 아랍세계의 일그러진 자화상'

(서울: 한국문화사, 2014), 452pp.

김정년*

　　저자 엄한진은 서울대학교 사회학과에서 학부를 마치고 프랑스 파리3대
학에서 프랑스 이민자 사회운동을 주제로 DEA 학위를, 파리8대학에서 북
아프리카의 이슬람주의에 관한 연구로 박사학위를 받았다. 귀국 후에는 아
랍세계에 대한 연구를 지속하였고 최근에는 아랍 민주화운동 및 중동전쟁
에 관한 연구를 진행하였다. 이와 함께 이민현상에 대한 연구를 수행하여
『다문화사회론』(2011, 소화)을 출간하였다. 그밖에 종교운동, 사회적 경제
등에 관심을 가지고 있다. 논문으로는 '프랑스 이민통합 모델의 위기와 이민
문제의 정치화', '북아프리카 민주화운동의 성격과 전망', '이슬람주의에서 새
로운 이슬람주의로', '대안운동으로서의 사회적 경제' 등이 있으며 이 저서는
2015년 대한민국 학술원 사회과학분야 우수학술도서로 선정되었다. 현재
한림대학교 사회학과 교수로 재직 중이다.

　　중동 및 아프리카 지역 연구는 경제적, 정치적인 면 뿐 아니라 9.11 테러
이후 국제관계적 측면과 이슬람을 포함한 그 지역의 전통 문화에 대한 관심
을 중심으로 진행되었다. 이러한 지대한 관심과 양적 발전에도 불구하고 전
문가 집단조차 파편적이고 지식의 축적 정도의 성장에 그치고 있다고 저자
는 말하고 있다. 따라서 저자는 본서에서 '이슬람주의' 현상을 중심으로 현
대 아랍세계의 사회상에 대해 연구할 뿐 아니라 '이슬람주의'의 커다란 두 가

---

*　　BEE KOREA, 햇불트리니티 한국이슬람연구소 연구원.

지 흐름을 연구하고 있다고 밝힌다. 그 첫 번째는 이슬람과 이슬람주의를 구분함으로써 이슬람주의가 진정한 의미의 이슬람을 왜곡시켰다는 주장이고, 두 번째는 이슬람주의를 어떻게 볼 것인가에 대한 논의로 이것이 과거로의 회귀인지 아니면 새로운 요인들이 첨가된 근대적인 것인지를 연구하겠다고 전제하고 있다.

이 책은 서문과 1부에서 4부까지로 구성되어 있고, 각 부는 각각 2개에서 4개의 장으로 구성되어 있다.

1부의 1장은 오리엔탈리즘의 유산과 아랍세계 연구방법론이란 제목 하에 아랍세계에 대한 여러 인식과 논의, 오리엔탈리즘에 대해 접근하고 있다. 저자는 이 부분에서 '중동'이란 표현에 대한 다양한 정의를 소개하면서, 미국의 지정학 연구자였던 알프레드 메이헌이 지중해 동쪽을 가리키는 말로 사용한데서 비롯되었다고 말한다. 이어 이 '중동'이란 용어가 가장 적합하지 않음에도 빈번하게 사용되는 점을 비교적 많은 분량을 할애하면서 여러 정치적 지리적 실례를 들어 설명하고 있다. 2장과 3장에서는 이 지역 용어인 '중동'과 관련된 아랍, 오리엔트, 이슬람세계 등에 대해, 정체성 측면에서 그리고 이슬람이란 종교적 측면에서 또한 보편적이고 세속적인 차원에서 접근하고 있다. 그리고 마지막 4장에서 오리엔탈리즘과 신오리엔탈리즘을 다루고 있는데 오리엔탈리즘에 대한 사전적인 정의와 연구가 소개된다. 저자는 이 부분에서 실질적으로 오리엔탈리즘에 대한 논의가 활발해지기 시작했던 1977년 에드워드 싸이드의 오리엔탈리즘 연구를 인용하면서 서양보다 열등하다는 뜻으로 동양을 의미한 것이라 소개한다. 또한 이러한 오리엔탈리즘은 동양 전체를 의미하기보다는 이슬람이라는 특징으로 묶여진 동양을 가리키는 것으로 이해되었다고 설명한다. 이어 여러 사람들의 저서를 통해 이러한 열등한 오리엔탈리즘의 돌파구로 서구화란 해결책이 제시되었으며 과거의 영향에서 벗어난 근대적인 아랍적 사고가 필요하고, 서구사상을 익힐 수 있는 서구화의 기틀을 닦기 위한 두 가지 과제를 수행해야 한다고 주장한다. 이러한 오리엔탈리즘의 아랍세계는 민주주의를 포함한 서구의 가치와 제도를 극단적으로 거부하는 집단부터 서구적 가치의 수용에 적극적인 집단까지 다양한 입장 차이를 보이는 와중에 재이슬람화(reialamization)와 이슬람주의의 부상을 배경으로 힘을 얻게 된다. 저자는 이러한 현상을 재이슬람화와 함께 '신오리엔탈리즘 (Neo-orientalism)'이라고 부를 수 있다고 설명하면서, 이들의 논리 중 '이슬람 예외주의(Islamic Exceptionalism)'가 가장 주목 받았음을 명시한다. 이것은 이슬람세계가 근대 이후 인류의 보편적인 변화에 영향을 받지 않기 위해 저항한다는 특징을 7가지 측면에서 설명하고 있다.

2장 '정체성 정치와 아랍세계'를 통해 저자는 프랑스와 미국의 예를 들어가며 구체적으로 설명하고 종교와 민족의 결합에 대한 견해를 피력한다. 뒷부분에 이르러서는 상대적으로 많은 부분을 극우주의에 대한 다양한 의견들로 엮어간다. 프랑스에서 수학하면서 적지 않은 시간을 보낸 저자답게 프랑스의 여러 가지 현상들을 조합하고 비교하면서 꽤 많은 지면을 극우주의에 할애하고 있다. 특히 저자는 새로운 이론이 아닌 이론의 빈곤이란 점을 들어 극우주의의 특징을 설명한다. 마지막 부분에서 저자는 근본주의 현상을 자세하게 설명한다. 세속화, 탈세속화, 신종교운동의 용어를 등장시키며 현대 종교의 변동 상황을 알린다. 이러한 종교에 있어서 근본주의의 부활로 미국, 중남미, 중동 및 아프리카의 성령운동을 중심으로 한 여러 현상을 소개하면서 이러한 근본주의가 이슬람세계의 극단적인 흐름에 영향을 주면서 '이슬람근본주의'라는 용어가 사용되기 시작했음을 알린다.

2부에 접어들면서 1부 끝부분에 언급했던 미국 개신교의 근본주의와 함께 근본주의의 대표적 사례로 여겨지는 '이슬람주의'에 대한 본격적인 접근이 시작된다. 이슬람주의는 1970년대부터 시작된 재이슬람화와 함께 식민지로부터 해방된 아랍국가들의 세속화 경향의 반전이라고 정의하면서, 이슬람주의는 코란에 나타난 이슬람의 원리를 사회 다방면에 실현시키고자 하는 것으로 정치 이념으로서의 이슬람을 의미한다. 저자는 이슬람주의 단체를 크게 세 부분으로 소개하고 있는데, 무슬림형제단의 영향을 받은 중동의 수니파 단체, 마우두디 이론의 영향을 받은 남아시아 단체, 그리고 호메이니

사상의 영향력이 큰 시아파 단체가 그것들이다. 이슬람주의는 활동영역이나 조직에 있어 여러 다양한 형태로 나타나는데, 근대적 가치의 폐쇄적인 경향과 이를 수용하는 태도가 공존하면서 결국에는 이슬람주의의 본질이 코란을 따르는 사회 건설에 있다고 본다.

이러한 이슬람주의 현상의 태동은 대중의 요구에 부응하면서 대중들의 집합행동을 기반으로 조직화되었다. 1980년대 중반까지도 정치적 장에서는 볼 수 없었던 이슬람주의는 1987년 시작된 인티파다의 영향을 크게 받았다고 볼 수 있으며 주로 도시를 배경으로 성장했다. 또한 이 이슬람주의는 서구와의 관계 속에서 성장을 계속했다. 1차 세계대전 이후 영국이 시온주의를 키웠다면 1970년대 이후 미국과 유럽은 이슬람주의를 키워왔다. 유럽의 이민 정책은 권위주의적이고 민족주의적인 아랍 본국의 정치적 탄압을 피해 망명한 이슬람주의자들을 환영했고 자유로운 터전을 마련해주었다. 미국 역시 철저한 반공주의자면서 시장 경제주의자인 이슬람주의자들이 미국 주도의 신자유주의 세계화의 동반자임을 잘 알고 있었다.

또한 1950년부터 시작된 무슬림형제단은 유럽의 주요 도시들에 쉽게 정착했고, 여러 단체들을 결성하면서 대표성을 가지고 활동의 폭을 넓혔으며, 유럽의 다른 종교 지도자들이나 이민자들의 사회통합과 관련하여 다양한 관계를 맺었다. 프랑스에서도 많은 무슬림 지식인들이 생겨났고 '위로부터의 이슬람화' 전략, 즉 의식있는 소수의 전위들에 의한 사회의 이슬람화를 뜻하는 전략과, '아래로부터의 이슬람화', 즉 현장에서의 활동을 중요하게 여기는 부류의 이슬람주의를 표방하는 전략으로 나뉘었다. 자유로운 유럽에서 이슬람주의가 성장을 거듭했지만 코란의 가르침으로 인해 자본주의로의 발전을 가져오지는 못했다. 결국 이슬람주의 사회의 핵심적인 특징은 가산제적 지배(가부장적 가족지배의 원리가 사회전반의 조직 원리로 나타난 것)로의 전환이었으며, 이것은 사회의 여러 면에서 비합리적이고 불안정한 상황을 만들었을 뿐 아니라, 서구사회의 합리적이고 체계적인 성격과 대비되는 오리엔트 문명을 낳았는데, 특히 이슬람문명의 논리적인 사고 부재와 충동적인 성향 등 합리성 부재의 모습을 보였다.

이슬람주의는 여성문제에 있어서도 부정적 인식을 키웠다. 튀니지, 모로코, 알제리에서 여성운동이 있었으나 이슬람주의자들이 반대했고, 기존 법 조항들이 이슬람의 유산이라는 관념을 내세워 현상유지를 주장했다. 결국 이슬람주의자 세력이 주장하는 사회에서 남성과 여성의 분리가 현실적으로 어려웠기 때문에 여성은 히잡을 쓸 수밖에 없었고, 열악해지는 가계소득을 위해 여성의 사회 참여가 촉발되었다. 하지만 이슬람주의자들은 전반적인 고용문제를 여성에게 떠넘겨 구조조정의 주된 희생자로 여성을 지목하였고, 결국 사회의 재이슬람화, 즉 이슬람주의는 여성의 사회적 지위를 후퇴시키는 결과를 가져왔다. 또한 현대 아랍의 정치사회적 장에서 가장 눈에 띄는 현상인 페미니즘 역시 이슬람주의와 관계를 규정하기 어렵다. 전통적인 토호들이 장악하는 국가일수록 여성에 대한 억압이 강하게 나타나기 때문에, 이 경우 이슬람주의와 페미니즘은 적대관계가 될 수밖에 없는 것이다. 이슬람주의자들의 주된 목표 중 하나는 남성과 여성이 동등한 권리를 갖는다는 인식과 법 두 가지를 모두 부정하는 것이기 때문이다.

이란혁명의 성공을 시작으로 1980년대 이슬람주의는 국가적, 세계적으로 성공을 거둔다. 그 이유는 이 새로운 종교운동이 개인들에게 의미와 소속감을 제공해주었고, 자신들의 정체성에 대해 효과적인 답변을 제시했으며, 이슬람의 황금시대로의 복귀를 주장함으로 아랍민중에게 꿈을 제시해주었기 때문이었다. 이러한 이슬람주의는 1990년대 들어서면서 9.11 테러를 전후해 급진화와 온건화로 나누어지게 된다. 급진화의 테러리즘이 탈냉전의 산물이라고 한다면, 온건화된 이슬람주의는 동시대 아랍세계에 확산된 세계화의 산물이라고 할 수 있다. 온건한 이슬람주의자들은 이슬람단체에 대한 정권의 지속적인 탄압이 있게 되자 새로운 정치 전략을 모색하게 되었고, 가장 두드러지게 나타난 것이 제도권 정치의 참여였다. 이러한 배경에서 나타난 이슬람주의의 변화를 '새로운 이슬람주의자', '온건한 이슬람주의자', '무슬림 민주주의'라고 불렀다. '1세대 이슬람주의자들'이 이슬람의 원리에 따라 사회를 바꾸기 위해 정치에 참여하는 것이 목적이었다면, 새로운 이슬람주의자들은 보다 장기적이고 점진적인 방법으로 사회를 바꾸어 나가는 것을 목적으로 하였다.

3부는 제목대로 전쟁과 이슬람의 관계에 집중하면서 저자는 서문에서 중동의 근현대사에서 볼 때 "돌출적인 현상"이라고 설명하는 이슬람주의의 배경에 중동 및 북아프리카 지역의 끝나지 않는 전쟁과 정치적, 경제적 구조의 변동이 존재한다고 설명한다. 다시 말해 1970년대 이후 아랍세계의 핵심적인 사회현상으로 이슬람주의와 전쟁을 꼽고 있으며, 이러한 폭력적 상황인 전쟁이야말로 이슬람주의를 이해하는 필수 요인이라 여겼다. 그래서 3부의 적지 않은 분량을 모두 전쟁이라는 주제를 따라 서술해가고 있다. 팔레스타인 문제로 시작하여, 역사적 근원과 시온주의에 대해, 그리고 유럽출신 유대인들의 팔레스타인 점령으로 인해 비롯된 길고도 지루한 갈등을 설명한다. 팔레스타인 해방운동을 위해 1964년 창설된 팔레스타인 해방기구 (PLO)와 이 기구가 현실주의 노선을 채택한 오슬로 조약의 결과로 중동평화의 길이 열리게 된 것, 이스라엘이 온전한 국가로 인정받게 된 것을 말한다.

2000년에 시작된 2차 인티파다로 팔레스타인과 이스라엘 간의 긴장이 고조된 것과, 이라크 전쟁 시기의 중동의 주요 사건에 대한 일지를 많은 분량을 할애하면서 자료로 올려놓았다. 2차 인티파타의 팔레스타인에서는 사회적으로 여러 종류의 갈등이 드러났다. 신-구세대 운동가들 간의 갈등, 파타의 민족주의자와 하마스의 이슬람주의자들 간의 갈등, 그리고 계급분화와 불평등이 나타나게 되었다. 2010년의 가자전쟁과 더불어 이러한 갈등적 상황은 자치지구의 경제적 기반의 부재와 이스라엘군의 강한 탄압으로 악화일로를 걸으면서 팔레스타인 사회운동의 저발전, 폭동과 테러로 나타나게 되었다. 이스라엘 역시 정치적으로 구조적인 문제뿐 아니라 최악의 경제위기를 겪게 되었고, 이러한 경제위기는 전쟁과 신자유주의에서 그 원인을 찾을 수 있다. 우파 정당이 조합주의적 사회주의에서 자유주의로 전환한 데서 신자유주의가 비롯되었다고 본 저자는 이스라엘의 우경화에 대한 설명과 자료로 3부의 1장을 마무리 한다.

2장에서 저자는 시야를 확대시켜 이-팔 갈등에서 새로운 중동질서가 형성되는 과정을 설명하고 있다. 즉 팔레스타인 문제가 주변국으로 확산되고 이라크문제와 연결되면서 중동 분쟁이 중동 전체의 분쟁으로 커졌으며, 9.11 테러로 인해 미국의 이라크 점령을 허락했다는 것이다. 이 뿐 아니라 미국의 대중동 전략이 실현되는 데는 이스라엘뿐 아니라 사우디아라비아와의 동맹관계도 주요한 역할을 담당했는데, 그들의 공동 목표는 반소련, 반아랍민족주의 지역질서의 형성이었다. 사우디아라비아는 석유의 힘으로 나타나는 부를 이용해 미국과의 동맹으로 1970년대까지 아랍 정치의 중심이었던 민족주의 성향의 이집트와 주도권 경쟁을 벌였고, 이 때 사우디아라비아가 부와 함께 주된 무기로 삼은 것이 이슬람이었다. 사우디는 이 지역에 막대한 경제적, 종교적 혜택을 제공하면서 이 지역 국가들에게 재이슬람화를 현실화시켰다. 이러한 전략은 미국의 중동정책과 맞물려 터키의 우파가 공산주의 좌파에 대항하기 위해 사우디 이슬람주의 영향권으로 들어가는 결과를 가져오기도 했다.

1990년대 초입에 일어난 걸프전과 소련의 붕괴, 그리고 이-팔 평화협상 등이 중동에 평화를 가져오는 듯 했다. 그러나 이러한 현상들은 결론적으로 이슬람담론의 지배, 종족 및 종교에 따른 분열, 국가 간 갈등을 더욱 심화시켰다. 소수민족 문제도 악화되었고, 걸프전이 야기한 군비경쟁은 중동 각지에 대량 살상무기의 증대를 가져왔으며, 무기 수입으로 민중의 생활은 더욱 악화되었다. 걸프전을 비롯한 미국의 팔레스타인 편향 정책은 이스라엘의 강압정책과 아랍진영 모두에서 극단적 종교 세력의 강세를 가져왔다. 저자는 계속해서 제 2차 레바논 전쟁과, 팔레스타인 사태의 악화에서 비롯된 대테러 전쟁이, 이라크에서 중동지역 전체로 확대됨으로써 명실상부한 중동전쟁으로 치달았다고 설명한다. 미국과 이스라엘이 수행하는 대테러 전쟁의 주된 목표가 알카에다뿐 아니라 수니파 그룹에서 이란, 시리아, 헤즈볼라까지 그 영역을 넓혀가게 되었다. 이러한 지속적인 물리적 대결 양상은 가자전쟁에서 그 정점을 이루게 되었다.

3부의 마지막에 접어들면서 저자는 앞서 언급했던 전쟁들이 국제사회의 개입으로 인해 오히려 해당 지역의 갈등을 악화시키거나 적어도 지속시키는 결과를 가져왔다는 주장을 펼친다. 탈냉전으로 지역분쟁, 종족분쟁과 같은 내전들이 일어났으나, 9.11테러 이후 탈냉전, 세계화 시대의 전쟁은 테러리즘의 양상을 보이며 명확히 종결되지 않는 양상을 보였다. 따라서 전쟁 상황이 지속되면서 전시와 평시, 전방와 후방의 구분이 흐려졌고, 이러한 테러리즘은 일상화된 전쟁의 위협을 가져왔다. 또한 저자는 이 모든 최근의 전쟁과 기존의 전쟁들을 대비하면서 새롭게 정의하는 시도들 가운데 메리 캘도어의 '새로운 전쟁론'을 소개하고, 계속해서 '4세대 전쟁', '절대전쟁' 등의 다양한 양상을 설명하면서, 이 '새로운 전쟁'의 눈으로 바라 본 중동전쟁의 어제와 오늘을 외세의 개입이라는 측면에서 다루고 있다.

마지막 4부에서 저자는 이슬람주의를 사회운동, 즉 이데올로기적인 측면에서 심도있게 접근한다. 유럽 식민주의로부터의 독립은 아랍민족주의로 이어졌고, 이슬람주의가 이러한 민족주의를 계승한다고 봄으로써 사회운동으로서만 아니라 정치세력으로도 중요한 비중을 차지하게 되었다는 것이다. 그러나 1980년대부터 아랍세계의 권위주의와 장기집권에 대항하는 아래로부터의 저항이 시작되었고, 이 운동은 '아랍의 봄'이라 일컫게 되는 범국가적 저항 운동이 되었다. 저자는 이러한 정치 상황 속에서 이슬람주의는 당분간 지속될 수밖에 없을 것이라는 견해를 밝힌다. 마그레브와 마슈렉을 통해 급진적인 공산주의적 경향과 결합하면서 계급과 민족을 통합시키는 해결책이 나타났으며, 특히 마르크스주의는 단순화되고 교리 문답적 형식으로 아랍 대중들이 이미 가지고 있던 이념에 스며들기 시작했다. 한편 아랍민족주의는 이집트, 시리아, 이라크에서 아랍인들의 민족주의를 촉진시켰고, 이러한 민족주의는 정치적이라기보다는 문화적 민족주 성격을 가졌기 때문에 소속감이나 충성심에 배치되지는 않았다. 따라서 1970년대 이후 아랍민족주의에서 이슬람주의로 이행되어, 세속적인 아랍민족주의에서 종교적 경향을 띤 새로운 민족주의로 탈바꿈하게 되었다. 4부 2장에 접어들면서 저자는 아랍권위주의라는 개념을 통해 현대 아랍세계 정치의 역사와 특징을 다루면서, 아랍 근대정치사를 크게 세 부분으로 나누고 있다. 첫 번째는 오스만 제국 해체 후 나타난 독립적인 근대 국가 형성과 식민화를 통한 근대 국가 형성이고, 두 번째는 1948년 팔레스타인 지역에 이스라엘 국가가 창설되는 시기로 탈 식민지화와 함께 민주주의의 약화와 혁명적인 새로운 엘리트 집단의 부상을 그 특징으로 들고 있다. 저자는 마지막 시기를 1979년에서 2011년 '아랍의 봄' 직전까지의 시기로 나누고 있다. 이어 저자는 2장의 마지막 부분을 아랍 권위주의에 대해 할애하면서, 권위주의 두 가지 핵심으로 헤게모니와 사회통제 기제를 들고 있다. 그 뿐 아니라 중동의 정치체제를 권위주의로 규정하면서 보자르슬란이 제시한 다섯 가지의 유형을 소개하고 있다. 이어 3장 전체는 2011 '아랍의 봄'이란 주제로 전개과정부터 시작하여 많은 자료와 각 나라별 '아랍의 봄' 움직임을 상세하게 설명하면서, 민중봉기로서의 이 운동을 어떻게 볼 것인가에 대해 일곱 가지 견해를 피력하고 있다. 마지막 5장은 아랍의 민주주의 이슬람에 대해 저자의 짧은 견해를 밝히고, 역시 결론은 '아랍의 봄'에 대한 전망으로 전체 4부를 마무리하고 있다.

　'이슬람주의-현대 아랍세계의 일그러진 자화상'은 이슬람주의라는 전제를 놓고, 그 배경과 여러 정치적, 경제적, 역사적, 언어적, 종교적 측면을 다루고 있다. 그런 다양한 각도에서 바라본 결과 전체를 아우르는 시각을 가질 수 있는 장점이 있는 반면에, 각 부가 서로 연결되어 하나의 커다란 이슬람주의를 설명하고 이해시키는 흡인력은 좀 약한 단점이 있다. 이 책은 한 분야의 깊이 있는 접근보다는 이슬람주의에 대해 보다 넓고 광범위한 시각을 갖게 하는데 도움을 주기 때문에, 반드시 처음부터 끝까지 다 읽어야한다기보다는 연구의 필요에 따라 각 부분들을 참고하면 도움이 될 것 같다. 저자는 특히 각 사건을 소개하면서 매우 폭넓은 자료와 관련 있는 저서들을 소개하고 있기 때문에, 이 책은 연구하고자하는 내용의 시작단계로, 혹은 자료집으로 사용하면 유익할 것 같다.

　또한 저자가 책 서두에 밝혔던 이 책의 집필 목적인 이슬람주의 현상에 대한 두 가지 연구-첫 번째는 이슬람과 이슬람주의를 구분함으로써 이슬람주의가 진정한 의미의 이슬람을 왜곡시켰다는 주장이고, 두 번째는 이슬람주의를 어떻게 볼 것인가에 대한 논의로 이것이 과거로의 회귀인지 아니면 새

로운 요인들이 첨가된 근대적인 것인가에 대한 연구-가운데 첫 번째 목적은
그다지 명확하지 않은 반면, 두 번째 목적은 매우 흡족한 결과를 가져왔다고
보여진다. 이 책은 단순히 이슬람주의에 대해 알고자 하는 대중들에게는 쉽
게 책장이 넘어가지 않는 책이지만, 이슬람에 대한 심도 깊은 연구를 준비하
는 사람들에게는 다양한 시각과 더불어 이슬람주의에 대해 비교적 객관적
이고 사실적인 현상들을 경험하게 해 주는 책이라 여겨진다.

Muslim-Christian Encounter 원고작성요령

1. 일반적 요령

1) 본문의 장, 절, 항의 번호는 I., 2., 3), (4)의 순서에 따라 매긴다.

2) 표와 그림은 본문 내 적당한 위치에 〈표 1〉혹은 〈그림 1〉과 같은 형식으로 순서를 매겨 삽입한다. 표나 그림의 출처는 표나 그림의 바로 아래에 〈출처: 〉라고 쓴다.

2. 인용

1) 인용의 일반원칙

(1) 각주 사용: 미주(endnote)나 약식 괄호주(Harvard Style)를 사용하지 않고 각주(foot-note)를 사용한다. 인용을 처음 할 때에는 출판사항 등을 모두 명기한다.

(2) 언어 사용: 모든 출처는 원자료에 나와 있는 언어를 그대로 사용함을 원칙으로 한다.

(3) 서적과 논문: 서양어 서적의 경우 이탤릭체를 사용하며 동양어 서적의 경우 겹낫표(『』)를 사용한다. 논문의 경우 동서양 모두 큰따옴표("")를 사용한다.

(4) 기타: 각주는 2자 내어쓰기를 사용하여 작성한다. 별도의 지침이 없는 한 시카고 스타일(Chicago Style)[1]에 따른다. 한글 인용의 경우 별도의 지침이 없는 한 영문 인용을 준용한다.

2) 예시

(1) 저서의 경우

전재옥, 『기독교와 이슬람』(서울: 이화여자대학교출판부, 2003), 125-127.

---

1   *The Chicago Manual of Style* (Chicago: University of Chicago Press, 1982).

Neal Robinson, *Christ in Islam and Christianity* (London: Macmillan, 1991), 32.

(2) 번역서의 경우

라민 싸네, 『선교 신학의 이해』, 전재옥 역 (서울: 대한기독교서회, 1993), 343.

(3) 학위논문의 경우

김영남, "이슬람 사회제도의 여성 문제에 관한 연구: 파키스탄 이슬람 화에 나타난 성 차별을 중심으로," 박사학위논문, 이화여자대학교 대학원, 2003, 15.

Jeong-Min Seo, "The Religious Establishment between the State and Radical Islamist Movements : The Case of Mubarak's Egypt," Ph.D. diss., University of Oxford, 2001, 45.

(4) 학회지, 학술지 등의 논문이나 기명 기사의 경우

최영길, "꾸란에 등장한 인물연구 : 예수를 중심으로," 『한국이슬람학회논총』, 제16권 제2호 (2006), 10-12.

안 신, "이슬람 다와와 기독교 선교에 대한 비교연구 : 폭력과 비폭력의 경계를 중심으로," 『종교연구』, 제50집 (2008 봄): 234-239.

Ah Young Kim, "Quranic Perspective on the Relationship with Other Faiths," *Muslim-Christian Encounter*, Vol. 1, No. 1 (Feb. 2008) : 58-60.

(5) 편집된 책 속의 글

김정위, "이슬람 원리주의와 지하드 운동," 이슬람연구소 엮음, 『이슬람의 이상과 현실』 (서울: 예영, 199), 49.

Lamin Sanneh, "Islam, Christianity, and Public Policy," in Lesslie Newbigin, Lamin Sanneh, & Jenny Taylor, eds., *Faith and Power - Christianity and Islam in 'Secular' Britain* (London: SPCK, 1998), 29-38.

(6) 바로 앞의 인용과 동일한 경우

저자, 책이름 or "소논문명," 1.

저자, 책이름, 또는 "소논문명," 23.

(7) 같은 글을 여러 번 인용한 경우

① 동일한 저자의 저술이 하나밖에 없는 경우

전재옥, 책이름, 33.

최영길, 책이름, 11.

Robinson, op. cit., 3-4.

② 동일한 저자의 저술이 여럿일 경우, 두 번째 이상의 인용은 논문이나 책의 이름을 명
기한다.

전재옥, 『기독교와 이슬람』, 25-30.

최영길, "꾸란에 등장한 인물연구," 10-12.

Sanneh, "Islam, Christianity, and Public Policy," 30.

Robinson, *Christ in Islam and Christianity*, 11.

3. 참고문헌

1) 참고문헌은 논문 끝에 실으며 다음과 같은 체재로 표시한다.

(1) 책일 경우

전재옥. 『기독교와 이슬람』. 서울: 이화여자대학교출판부, 2003.

Robinson, Neal. *Christ in Islam and Christianity*. London: Macmillan, 1991.

(2) 논문일 경우

안 신, "이슬람 다와와 기독교 선교에 대한 비교연구 : 폭력과 비폭력
의 경계를 중심으로." 『종교연구』, 제50집 (2008 봄): 219-245.

Kim, Ah Young. "Quranic Perspective on the Relationship with
Other Faiths," *Muslim-Christian Encounter*. Vol. 1, No. 1 (Feb.
2008): 53-72.

Muslim-Christian Encounter 윤리규정

제1조 (목적) 이 규정은 횃불트리니티신학대학원대학교 한국이슬람연구소가 발행하는 정기
학술지 Muslim-Christian Encounter(이하 학술지)와 관련하여 투고자, 편집위원, 심사위원
의 연구윤리를 확립하는 데 목적이 있다.

제2조 (투고자의 윤리)

 1. 투고자는 연구자로서 정직성을 지켜야 하며, 학술적 저작물 집필에 관한 일반적 원칙을
준수해야 한다.

 2. 투고자는 일체의 표절 행위를 하지 말아야 한다.

 3. 표절이란 출처를 명확히 밝히지 않고 다른 사람의 지적 재산을 임의로 사용하는 모든 행
위를 일컬으며, 다음의 경우가 해당된다.

  1) 분명한 인용 표시 없이 본인이 수행한 기존 연구 내용의 전부 또는 일부를 그대로 옮기
는 행위.

  2) 출처를 밝히지 않고 다른 사람의 고유한 생각, 논리, 용어, 자료, 분석방법 등을 임의로
활용하는 행위.

  3) 출처를 밝혔더라도 분명한 인용 표시 없이 다른 사람의 논의 내용을 원문 그대로 또는
요약된 형태로 활용하는 행위.

  4) 기타 표절성이 현저하다고 간주될만한 모든 행위.

 4. 투고자가 편집위원회의 표절 판정을 수긍할 수 없을 경우 반박할 만한 타당한 이유를 제
시하여 재심의를 요청할 수 있다. 반박할 만한 사유가 없거나 재심에서 다시 표절 판정
이 내려지면 연구자는 더 이상 이의를 제기해서는 안 된다.

제3조 (편집위원의 윤리)

 1. 편집위원은 투고된 글의 게재 여부를 결정하는 모든 책임을 지며, 투고자의 인격과 학자

로서 독립성을 존중해야 한다.

2. 편집위원은 투고된 글에 관련하여 투고자의 성별, 나이, 소속기관은 물론 개인적 이념이나 친분 관계와 무관하게 오직 원고의 질적 수준과 투고 규정에 의거하여 공정하게 처리해야 한다.

3. 편집위원은 투고된 글에 대한 심사위원을 선정할 때 해당 분야의 전문성을 최우선으로 고려해야 하며, 투고자와 심사위원의 관계에 의해 공정성이 훼손될 가능성을 배제해야 한다.

4. 편집위원회는 표절 행위가 확인된 투고자에 대한 제재를 지체하거나 임의로 제재를 보류해서는 안 된다. 표절 행위자에 대한 제재는 다음과 같다.

   1) 5년 이하 투고 금지.

   2) 연구소 홈페이지 및 다음 호에 표절 사실 공지.

   3) 인터넷 데이터베이스에서 해당 논문 삭제.

   4) 표절 행위자의 소속기관에 해당 사실 통보.

5. 편집위원은 논문 심사에 관하여 일체의 비밀을 지켜야 하며, 표절 심의에 관하여 공표 대상이 아닌 내용에 대한 비밀을 지켜야 한다.

제4조 (심사위원의 윤리)

1. 심사위원은 의뢰받은 원고에 대한 심사를 수행함에 정직하고 성실해야 하며, 개인적 이념이나 친분 관계를 떠나 객관적 기준을 따라야 한다.

2. 심사위원은 자신이 심사 대상 원고를 평가하는 데 적임자가 아니라고 생각될 경우 편집위원회에 이를 통보해야 한다.

3. 심사위원은 전문 연구자로서 투고자의 인격과 학자로서 독립성을 존중해야 한다.

4. 심사위원은 심사의 제반 사항에 관한 비밀을 지켜야 한다.

제5조 (부칙)

1. 이 규정은 2009년 1월 1일부터 시행한다.

Muslim-Christian Encounter 투고안내문

한국이슬람연구소는 1992년 창립 이후, [무슬림은 예수를 누구라 하는가?], [이슬람의 이상과 실제], [아시아 무슬림공동체], [무슬림여성], 등을 연구지로 발간하였고 2007년 햇불트리니티 신학대학원대학교의 부속기관으로 자리를 옮긴 이후 *Muslim-Christian Encounter*라는 이름으로 연구 저널을 재창간하여 연 2차례 발행을 하고 있습니다. 1호의 주제는 "Peace, Justice and Muslim-Christian Relations"이며, 2호의 주제는 "Muslim Identities in Comtemporary World", 3호의 주제는 "Islamic Da'wah and Christian Mission", 4호의 주제는 "Folk Islam", 5호의 주제는 "현대 이슬람의 다양한 이슈들", 6호의 주제는 "Muslim Women", 7호는 "Tribute to Dr. Kenneth Cragg", 8호는 "한국교회와 이슬람", 9호는 "세계 각국의 기독교와 이슬람의 관계", 10호는 "격변하는 현대 이슬람 세계", 11호는 "이슬람 안에서의 평화와 폭력"이었습니다. 보다 폭넓고 깊이 있는 연구를 위해 한국이슬람연구소는 지속적인 노력을 하고 있습니다.

이러한 지속적인 연구에 관한 사랑과 노력으로 한국이슬람연구소의 저널 *Muslim-Christian Encounter*는 한국 유일의 기독교 이슬람의 관계에 관한 건전하고 깊이 있는 연구를 지향하는 연구지로서 성장하고 있습니다. 뿐만 아니라, Dudley Woodberry, Peter Riddell, Colin Chapman과 같은 해외 유명한 이슬람 학자들과 국내의 이슬람 전문가들의 깊이 있고 학문적 완성도가 높은 논문이 다수 게재되고 있습니다.

한국이슬람연구소에서는 *Muslim-Christian Encounter*에 게재를 원하는 투고자의 원고를 모집합니다. 분야는 이슬람 신학, 정치, 역사, 경제 및 기독교 이슬람관계에 관한 다양한 이슈들, 기독교 선교를 위한 무슬림 전도방법론 등으로 이슬람에 관한 전반적인 이슈들과 기독교 이슬람 관계에 관한 전문적인 내용들을 말합니다.

한국이슬람연구소는 투고된 논문에 대하여 국내외 전문가들을 모시고 공정한 심사를 거처 논문을 게재하며, 투고된 논문 중 게재 가로 결정 된 논문에 한해서 소정의 원고료를 지불합니다. 논문의 투고 시기는 상시 진행됩니다.

▶자세한 안내를 원하시면 횃불트리니티 한국이슬람연구소로 문의하시기 바랍니다.

Tel: 02-570-7563

E-Mail: ttcis@ttgu.ac.kr

횃불트리니티 한국이슬람연구소